Eifel
Kalkeifel

Hans Naumann

Karten-
Legende
auf den
Umschlag-
klappen

KOMPASS

Wanderführer

Impressum

1. Auflage 2011 Verlagsnummer 5214 ISBN 978-3-85026-447-1

Text und Fotos (soweit nicht anders angegeben): Hans Naumann
Titelbild:Das Wasserschloss Satzvey bei Mechernich (Foto: fotosol/F1online/picturedesk.com)
Bild Seite 4/5: Naturschutzgebiet Lampertstal

Grafische Herstellung: wt-BuchTeam, Garching a.d.Alz
Wanderkartenausschnitte: © KOMPASS-Karten GmbH

Alle Angaben und Routenbeschreibungen wurden nach bestem Wissen gemäß unserer derzeitigen Informationslage gemacht. Die Wanderungen wurden sehr sorgfältig ausgewählt und beschrieben, Schwierigkeiten werden im Text kurz angegeben. Es können jedoch Änderungen an Wegen und im aktuellen Naturzustand eintreten. Wanderer und alle Kartenbenützer müssen darauf achten, dass aufgrund ständiger Veränderungen die Wegzustände bezüglich Begehbarkeit sich nicht mit den Angaben in der Karte decken müssen. Bei der großen Fülle des bearbeiteten Materials sind daher vereinzelte Fehler und Unstimmigkeiten nicht vermeidbar. Die Verwendung dieses Führers erfolgt ausschließlich auf eigenes Risiko und auf eigene Gefahr, somit eigenverantwortlich. Eine Haftung für etwaige Unfälle oder Schäden jeder Art wird daher nicht übernommen. Für Berichtigungen und Verbesserungsvorschläge ist die Redaktion stets dankbar. Korrekturhinweise bitte an folgende Anschrift:

Walter Theil, Irmengardstraße 9, D-84518 Garching a.d.Alz
Tel.: 0049/(0)8634/689803, Fax: 0049/(0)8634/689804
info@wt-buchteam.de, www.wt-buchteam.de

KOMPASS-Karten GmbH, Kaplanstraße 2, A-6063 Rum/Innsbruck
Tel.: 0043/(0)512/2655610, Fax: 0043/(0)512/2655618
kompass@kompass.at, www.kompass.at

Hans Naumann

Was macht die Kalkeifel für Sie so besonders?

Die Kalkeifel, entstanden vor über 300 Mio. Jahren aus einem subtropischen Eifelmeer, ist ein bedeutender Teil der ohnehin vielgestaltigen Eifel. Sie ist mit ihren Magertriften die Heimat weitflächiger Wacholderschutzgebiete mit vielen Orchideen- und Enzianarten sowie überhaupt einer eigenen Fauna und Flora. In ihrem Boden schlummern viele Fossilien als Spuren urzeitlichen Lebens und Karstquellen wie unterirdische Wassergänge lassen erstaunen. Schon als Junge erlebte ich das Tal eines so genannten Verlierbaches an einem Tag völlig trocken, wenige Tage später fußhoch überspült. In der Hungerzeit nach dem letzten Weltkrieg, die ich in einem bäuerlichen Betrieb in der Kalkeifel überlebte, grub der Pflug vor meinen Augen versteinerte Abdrucke von Seelilien und Brachiopoden aus dem Acker. Und in jungen Berufs- und Wanderjahren in Blankenheim bewegten mich die anmutigen Landschaftsbilder der Kalkeifel. Sie wurden und blieben mir lieb und vertraut.

Vorwort

Die Kalkeifel zwischen Bad Münstereifel und Prüm gehört überwiegend zum Naturpark Nordeifel, politisch vor allem zum Land Nordrhein-Westfalen, in den Südteilen zum Land Rheinland-Pfalz. Ihr Gebiet empfiehlt sich mit vielen reizvollen Wandermöglichkeiten. Eigens zu erwähnen ist der Eifelsteig, der – vom Nationalpark Eifel kommend – die Kalkeifel von Kall bis Hillesheim in Nord-Süd-Richtung durchquert.

Die Anziehungskraft für Wanderer ergibt sich nicht nur aus den Besonderheiten einer Landschaft, die vor 380 Mio. Jahren aus Korallenriffen des Eifelmeeres entstand, vor 200 Mio. Jahren noch nahe am Äquator lag und sich heute mit weitflächigen Wacholderschutzgebieten präsentiert, sondern auch aus der guten Erreichbarkeit aus den Städten der Kalkeifel selbst, wie aus den rheinischen Großstädten, aus Belgien und den Niederlanden. Der Wechsel zwischen landwirtschaftlich ertragreichen Kalkböden und den Zeugen anderer Bodennutzung, wie Kalkbrennerei und Erzbergbau seit Kelten- und Römerzeiten, dazwischen große Waldflächen, schafft einen Kontrast, der zur Entdeckung einlädt und in der Eifel ein eigenes Gesicht zeigt.

Nicht zuletzt erfreut das Auge vor allem im Frühling eine ungewöhnliche Pflanzen- und Blütenpracht in den Kalkmagerrasen; so werden allein in der Blankenheimer Kalkmulde 31 seltene Orchideen- und Enzianarten gezählt, dazu eine Fülle an – auch endemischen – Kleinlebewesen.

Lassen Sie sich ermuntern, diese schöne Landschaft mit wachem Sinn zu erkunden und sie schätzen zu lernen. „Bewegung ist Leben“: Das gilt nicht nur für die Beine, vielmehr ebenso für Herz, Geist und Gemüt. Darum frischauf zu unvergesslichen Wandertagen!

Hans Naumann

Wacholderkuppen, Kalkmulden und Karstbäche

Inhalt

Länge (in Kilometern)	Höhenmeter Aufstieg	Höhenmeter Abstieg	Parkplatz	öffentliche Verkehrsmittel	Aufstiegshilfe	Abstiegshilfe	Einkehr	Übernachtung unterwegs	Gipfel	Schwindelfreiheit erforderlich	Kinderwagentauglich	Kinderfreundlich	Fahrradtauglich	kulturelle Highlights	für Allergiker geeignet	Bademöglichkeit	mit Panoramablick	Rundtour
10	210	210	●	●	–	–	●	–	–	–	–	–	–	●	–	–	●	●
13,5	280	280	●	●	–	–	○	–	–	–	–	–	–	–	–	–	●	●
12	315	315	●	●	–	–	–	–	–	–	–	–	–	●	–	–	●	●
8	150	150	●	●	–	–	–	–	–	–	–	●	–	●	–	–	–	●
12	350	350	●	–	–	–	○	–	–	–	–	–	–	●	–	–	●	●
12	350	350	●	●	–	–	○	–	–	–	–	●	–	●	–	–	–	●
19,5	430	430	●	●	–	–	●	–	–	–	–	–	–	●	–	–	●	●
19,5	340	340	●	●	–	–	●	–	–	–	–	–	–	●	–	–	●	●
19	320	320	●	●	–	–	●	–	–	–	–	–	–	●	–	–	–	●
20	410	410	●	●	–	–	●	–	–	–	–	–	–	–	–	–	–	●
15	300	300	●	●	–	–	●	–	–	–	–	–	–	–	–	–	–	●
9	200	200	●	●	–	–	●	–	–	–	–	–	–	–	–	–	●	●
17	410	410	●	–	–	–	–	–	–	–	–	–	–	–	–	–	●	●
7,5	110	110	●	●	–	–	–	–	–	–	–	●	–	–	–	–	●	●
14	185	185	●	–	–	–	–	–	–	–	–	●	○	●	–	–	–	●
7,5	200	200	●	○	–	–	●	–	–	–	–	–	–	●	–	–	●	●
8,5	170	170	●	○	–	–	–	–	–	–	–	●	–	–	–	–	●	●
12	180	180	●	○	–	–	–	–	–	–	–	–	–	●	–	–	–	●
14,5	330	330	●	○	–	–	●	–	–	–	–	–	–	●	–	–	●	●
6,5	80	80	●	○	–	–	●	–	–	–	–	●	–	●	–	–	–	●

● Schwierigkeitsgrad ● Ja ○ Bedingt – Nein

Inhalt

Mohnblüte bei Bahrhaus.

Länge (in Kilometern)	Höhenmeter Aufstieg	Höhenmeter Abstieg	Parkplatz	öffentliche Verkehrsmittel	Aufstiegshilfe	Abstiegshilfe	Einkehr	Übernachtung unterwegs	Gipfel	Schwindelfreiheit erforderlich	Kinderwagentauglich	Kinderfreundlich	Fahrradtauglich	kulturelle Highlights	für Allergiker geeignet	Bademöglichkeit	mit Panoramablick	Rundtour
9	315	315	●	●	–	–	●	–	–	–	–	–	–	●	–	–	●	●
17	210	210	●	–	–	–	–	–	–	–	–	–	–	–	–	–	–	●
12	260	260	●	○	–	–	●	–	–	–	–	–	–	●	–	–	–	●
14	260	260	●	–	–	–	–	–	–	–	–	–	–	–	–	–	●	●
16	425	425	●	●	–	–	●	–	–	–	–	–	–	●	–	–	●	●
14	210	210	●	○	–	–	○	–	–	–	–	●	–	–	–	–	–	●
16,5	180	180	●	–	–	–	●	–	–	–	–	–	–	–	–	–	●	●
7,5	180	180	●	○	–	–	●	–	–	–	–	–	–	●	–	–	–	●
10,5	180	180	●	●	–	–	●	–	–	–	–	–	–	●	–	–	●	●
10,5	180	180	●	●	–	–	●	–	–	–	–	–	–	●	–	–	●	●
13	195	195	●	○	–	–	○	–	–	–	–	–	–	●	–	–	–	●

● Schwierigkeitsgrad ● Ja ○ Bedingt – Nein

Das Gebiet

Der Wanderführer erfasst die Kalkeifel zwischen den Städten Bad Münstereifel und Prüm, in Nordost-Südwest-Richtung mit einer Länge von 120 km.

Zur Abrundung werden an ihrem Rand einige Touren in der Hohen Westeifel und in der Schneifel hinzugenommen. Mit Ausnahme der Hillesheimer Kalkmulde gehört das Wandergebiet zum Naturpark Nordeifel, dem deutschen Teil des grenzübergreifenden deutsch-belgischen Naturparks Hohes Venn-Eifel. Aus Gründen der Übersichtlichkeit sind einige Kalkeifelgebiete, die etwas abseits liegen, ausgelassen worden, so südlich Aachen und Stolberg (Walheim-Hahn-Breinig); die Gerolsteiner Dolomiten und das Bitburger Gutland werden in andere KOMPASS-Wanderführer einbezogen.

Die Touren führen von den Bad Münstereifeler Kalkkuppen durch die Sötenicher, Blankenheimer und Dollendorfer Kalkmulden, im Stadtgebiet Mechernich zum Kalksintermassiv Kartstein bei Eiserfey, zu den bezaubernden Alendorfer Kalktriften, in die Hillesheimer Kalkmulde mit dem wohl spektakulärsten Wasserfall der Eifel, ferner in die Prümer Kalkmulde und bis in die phantastische Felsenwelt der Schönecker Schweiz.

Die vom atlantischen Klima begünstigten Buchen- und Eichenwälder sind als Folge ihrer Nutzung nur noch in Teilflächen vorhanden, doch bilden sie mit den ertragreichen landwirtschaftlichen Feldern einen zum Wandern ermunternden Kontrast. Erst recht beein-

Marmagen, Rastplatz mit Stelen am Mühlenberg.

Naturschutzgebiet Hönselberg.

drucken die ausgedehnten Wacholderschutzgebiete, die Kalkmagerrasen mit ihrer Blumenpracht, zudem die märchenhaften Weitblicke von den Höhen, wie vom Alendorfer Kalvarienberg oder vom Hönselberg bei Niederehe.

Die Kalkeifel ist von den Großstädten, auch aus Belgien und den Niederlanden, gut zu erreichen. Von Köln führt die Eifelstrecke der Deutschen Bahn durch ihr Gebiet bis Jünkerath, und von Bonn wie Bad Münstereifel gibt es Anschluss über Euskirchen. Die A 1, verlängert mit der B 51, durchquert die ganze Kalkeifel. Die Wanderwege sind vielfach beschildert und zumeist gut markiert, sodass ein Verlaufen mit Hilfe dieses Wanderführers nicht zu befürchten ist.

KOMPASS INFO

Wacholder

Der „immergrüne Baum" zählt zu den „Adeligen des Grünen Reiches" und zu den ältesten Gehölzen der Eifel. Er wird über 100 Jahre alt und bis zu 10 m hoch. Seine Beeren sind im ersten Jahr grün, erst im zweiten Jahr reif und blau. Da seine Pollen sich alljährlich im Mai verbreiten, gibt es Sträucher mit gleichzeitig grünen und blauen Beeren. Kalk- und Grauwackegestein genügen ihm als Boden. Die Geschichte des Wacholders ist verbunden mit der Entwicklung der Eifeleinöden, die aus Übernutzung des Waldes entstanden, verbunden mit dem Fraß der Schafe und Ziegen, der jede Wiederbewaldung verhinderte. 1850 waren 45 v. H. der Flächen der Zentraleifel zum Ödland geworden. Soweit heute noch Wacholderflächen bestehen, unterliegen sie dem Naturschutz, so das Lampertstal, das größte Wacholderschutzgebiet der Eifel. Es bezaubert im April und Mai mit einem Meer blühender Küchenschellen sowie durch 31 seltene Orchideen und Enzianarten.

Kalkeifel

Die von Nordosten nach Südwesten verlaufende, 120 km lange Kalkeifel entstand durch die „Eifeler Meeresstraße", die im Mitteldevon (vor 380 Mio. Jahren) zwischen dem Nordatlantischen Kontinent und der Mitteleuropäischen Insel den Raum des heutigen Rheinischen Schiefergebirges überspülte und für 60 Mio. Jahre ein subtropisches Flachmeer (Eifelmeer) bildete. Da der Meeresboden sich nur langsam senkte und folglich das Wasser nur nach und nach abfloss, konnten mächtige Ablagerungen zurückbleiben; sie reichen heute bis in eine Tiefe von 1500 m. Während aus tonigen Schlammschichten Schiefer entstanden, bildeten sich in großräumigen Mulden (10 bis 30 km lang und bis 10 km breit) Kalke mit zahlreichen Versteinerungen. Entsprechend groß ist der Reichtum an tierischen Fossilien, vor allem an Korallen, Brachiopoden (Armfüßern) und Triboliten (Gliederfüßern), aber auch an pflanzlichen Versteinerungen, wie etwa Seelilien. Beredte Zeugen dieser Epoche sind auch die Ahrquelle als größte Karstquelle der Eifel, der Lampertsbach als größter „Verlierbach" der Eifel mit zeit- und streckenweise unterirdischer Wasserführung, der sich durch Kalkablagerungen ständig selbst verlängernde Dreimühlenwasserfall, aber auch die Kalksinterablagerungen in der 95,4 km langen Römischen Eifelwasserleitung von Nettersheim in der Kalkeifel nach Köln, der römischen Provinzhauptstadt Niedergermaniens.
Zur eigenwilligen Flora der Kalkböden zählen neben den Wacholdersäulen vor allem die vielen Orchideenarten; denn die von ihnen für ihre Fortpflanzung benötigten Bodenpilze gedeihen auf den Kalkmagertriften besonders gut. Die erste größere wirtschaftliche Nutzung bezeugt die römische Kalkbrennerei, die am nördlichen Ortsrand von Bad Münstereifel-Iversheim wieder zur Besichtigung hergerichtet wurde. Doch betrieben bereits die Kelten Erzbergbau.

Städte und Gemeinden

Bad Münstereifel
Freizeitstadt mit 52 Orten und Kneippkurort. Forstlehrpfad, Römertempel und Kalkkuppen (Touren 1-3). (Weitere Wanderungen im KOMPASS-Wanderführer „Osteifel"; in Vorbereitung.)
Städtische Kurverwaltung, Kölner Str. 13, 53902 Bad Münstereifel, Tel. (02253) 542244, Fax (02253) 542245, touristinfo@bad-muenstereifel.de

Blankenheim
Große Landgemeinde, Kalkeifel-Wanderzentrum, größte Wacholderschutzgebiete der Eifel (Touren 9-13, 17, 25). (Weitere Wanderungen im KOMPASS-Wanderführer „Ahrgebirge")
Bürger- und Verkehrsbüro, Rathausplatz 16, 53945 Blankenheim, Tel. (02449) 87222 bis 224, Fax (02449) 87326, verkehrsbuero@blankenheim-ahr.de

Dahlem
Landgemeinde mit Trappistinnenabtei, Kronenburg, weiten Wäldern und Eifelbahnhöfen (Touren 14–16).
Gemeinde, Rathaus, Hauptstr. 23, 53949 Dahlem, Tel. (02447) 95550, Fax (02447) 955555, buergermeister@dahlem.de
Siehe auch „Oberes Kylltal".

Hellenthal
Waldreiche Land- und Höhengemeinde. Wildenburg, Burg Reifferscheid, Besucherbergwerk (Touren 21–23). (Weitere Wanderungen, etwa zum Wildgehege und zur Oleftalsperre, im KOMPASS-Wanderführer „Nationalpark Eifel".)
Verkehrsamt, Rathausstr. 2, 53940 Hellenthal, Tel. (02482) 85115, Fax (02482) 85114

Hillesheim
Im Osten der Verbandsgemeinde die Kalkeifel mit Niederehe, Kerpen, Leudersdorf und dem Dreimühlenwasserfall (Touren 17–20). (Vulkaneifelwanderungen im KOMPASS-Wanderführer „Vulkaneifel".)
Urlaubsregion Hillesheim/Vulkaneifel e. V., Graf-Mirbach-Str. 2, 54576 Hillesheim, Tel. (06593) 809200, Fax (06593) 809201, tourist@hillesheim.de

Kall
Landgemeinde und Verkehrsknoten. Römerkanal, Bergbaupfad, Kloster Steinfeld (Touren 6 und 7).
Gemeinde, Bahnhofstr. 9, 53925 Kall, Tel. (02441) 88853, Fax (02441) 88848, tourist@kall.de

Mechernich
Stadt mit einstigem Bleibergwerk. Römerkanal mit Aquädukt, Kartstein. In Kommern Hochwildpark und Freilichtmuseum. (Touren 4 und 5)
Stadtverwaltung, Bergstr., 53894 Mechernich, Tel. (02443) 49-0, Fax (02443) 49199, Touristagentur Mechernich, Tel. (02256) 958961, Fax (02256) 958965, info@erlebnisstrasse.de

Nettersheim
Landgemeinde, Naturerlebnisdorf und Naturschutzzentrum der Eifel, Römerquelle und Römerdenkmale, mit Marmagen (Touren 3, 8, 10).
Information im Naturschutzzentrum Eifel, Römerplatz 8-10, 53947 Nettersheim, Tel. (02486) 1246, Fax (02486) 203048, nettersheim@eifel-online.de

Obere Kyll
Verbandsgemeinde mit Jünkerath, Ormont, Stadtkyll und Schönfeld, Wander- und Feriengebiet (Touren 24–26). (Weitere Wanderungen, etwa um Steffeln, im KOMPASS-Wanderführer „Vulkaneifel".)
Tourist-Info Oberes Kylltal, Burgberg 22, 54589 Stadtkyll, Tel. (06597) 2878, Fax (06597) 4871, touristinfo.obereskylltal@t-online.de

Prüm
Kurstadt und Verbandsgemeinde Prümer Land. Schneifelhöhe, Berg (Touren 27–31).
Tourist-Information Prümer Land, Hahnplatz 1, 54595 Prüm, Tel. (06551) 505, Fax (06551) 7640, ti@pruem.de

Geologischer Fundort Ohlesberg.

Sehenswürdigkeiten und Ausflugsziele

Die Beschaffenheit und Geschichte der Erdkruste ist untrennbar mit dem Leben auf der Erde verbunden und heute als Teil der Umwelt (Biosphäre) im Bewusstsein der Menschen verankert. Neben Wasser und Luft sind Boden und Gestein seit jeher vom Menschen genutzt worden, so Erzbergbau und Kalkbrennerei bereits von den Kelten und Römern. Dem Ziel, wirtschaftliche Nutzung und natürliche Lebensgrundlagen erträglich in Einklang zu bringen und dies dem Menschen zu vermitteln, dient in der Eifel insbesondere das seit 1980 vom Geologischen Institut der Rheinisch-Westfälischen Technischen Hochschule Aachen geförderte wissenschaftliche Gesamtkonzept „Eifel-Geopfad". Daraus sind in der Kalkeifel vor allem nachgenannte Besuchsziele entstanden.

Erzbergbau

Bleialf

Besucherbergwerk „Mühlenberger Stollen".

→ Tour 28

Hellenthal

Geologisch-montanhistorischer Lehr- und Wanderpfad (teils in Tour 22). Besucherbergwerk „Grube Wohlfahrt" bei Rescheid, auf 900 m Länge begehbarer Stollen. Tägliche Führungen, informative Schrift über das Eifeler Blei.

→ Tour 23

Jünkerath

Eisenmuseum neben dem Bahnhof. Technische Entwicklungen und Eisengusskunst.

→ Tour 25

Kall

Montanhistorischer Pingenwanderpfad mit 21 informativen Tafeln.

→ Tour 6

Versteinertes Korallenriff (Riffkalkstein) auf Höhe 250 m über NN.

Mechernich
Besucherbergwerk Grube Günnersdorf mit Bergbaumuseum; ehemaliges Bleibergwerk, Gewinnung und Verhüttung. Bergbauhistorischer Rundweg.
→ Tour 4
Förderverein Bergbaumuseum Mechernich, Bleibergstr. 6, 53894 Mechernich. Tel. (02443) 48697, Fax (02443) 8204.

Kalkwerke
Bad Münstereifel
Am nördlichen Ortsrand von Iversheim eine wieder zur Besichtigung hergerichtete römische Kalkbrennerei.
→ Seite 12
Dahlem-Kronenburg
Kalkwerk Brandenburg mit dem noch bis 1970 betriebenen Doppel-Kalkofen an der B 421.
→ Tour 16
Kontaktadresse: Walter Brandenburg, Hofgasse 1, 53945 Dahlem-Kronenburg. Gemeinde Dahlem
→ Seite 12

Hillesheimer Geo-Pfad
Kalkofen an der L 68 neben der Ahbrücke zwischen Nohn und Niederehe (Geo-Punkt 20), öffentlich.
→ Tour 20.
Außerhalb des in diesem Wanderführer beschriebenen Wandergebiets: Kalkofen-Lehr- und Wanderpfad südlich Aachen in Walheim-Hahn.
Kontaktadresse: Geschichtsverein Hahn-Friesenrath e. V., Wolfgang Völl, Alzerplatz 15 A, 52156 Monschau.
Ferner der Kalkofen an der Bilstermühle bei Aachen-Kornelimünster, am Naturschutzgebiet Klauserwäldchen.
Kontaktadresse: Heimat- und Eifelverein Kornelimünster, Hermann Wilms, Auf dem Anger 37, 52076 Kornelimünster.

Naturzentrum Eifel
Nettersheim, das Naturerlebnisdorf in der Kalkeifel, bietet in seinem Naturschutzzentrum Eifel umfassende Informationen für alle Besucher, auch für Fuß- und Radwanderer sowie Familien mit Kindern. In der Ausstellung zur Erdgeschichte führt ein Korallen-Aquarium zurück in die Zeit des Eifelmeeres, aus dem sich die Kalkeifel entwickelte. Daneben gibt es wechselnde Sonderausstellungen und Programme, ferner Literatur und Karten. Im nahen Haus „Alte Schmiede" auch eine Fossiliensammlung sowie eine Ausstellung „400 Mio. Jahre Wald". Werkhäuser bieten Einblicke in die Geologie und die Kalknutzung zum Bauen und Düngen; ergänzend werden Mineralienkabinette und eine historische Getreidemühle gezeigt. Ein historisches Bauernhaus mit Bauerngarten kann besichtigt werden.

Im Gemeidegebiet dazu ein Erlebnispfad (6 km) mit 20 Stationen, ein Schmetterlingspfad, ein Fossilienacker, das Holzkompetenzzentrum Rheinland, ein römischer Werkplatz, das römische Matronenheiligtum „Görresburg" und ein Römertempel bei Zingsheim, nicht zuletzt die Hangsickerquelle „Grüner Pütz", Anfang der 95,4 km langen römischen Eifelwasserleitung nach Köln.

So ist das Naturschutzzentrum Eifel an der Urft in Nettersheim ein überregionales Zentrum für Umweltbildung und Naturerlebnispädagogik nach dem Motto „Begreifen durch Erleben".
Naturschutzzentrum Eifel, Römerplatz 8-10, 53947 Nettersheim. Tel. (02486) 1246, Fax (02486) 203048. nettersheim@eifel-online.de, www.nettersheim.de .

Wanderwege

Die **Hauptwanderwege** in der Eifel werden vom Eifelverein eingerichtet und markiert. Sie gliedern sich entsprechend ihrem Verlauf in Nord-Süd-Wege und Ost-West-Wege. Die Nord-Süd-Wege sind mit einem liegenden schwarzen Dreieck (▶) gekennzeichnet, die Ost-West-Wege mit einem liegenden schwarzen Winkel (>), beide zumindest an Abzweigestellen zusätzlich mit Richtungspfeilen.

Regionalwanderwege werden regelmäßig mit großen Buchstaben markiert. In der Kalkeifel gibt es solche Wanderwege vor allem im Gemeindegebiet von Blankenheim (Ahrsteig, Ahrtalweg, Geo-Pfad, Sonnenweg, Wacholderweg), aber auch zwischen Nettersheim und Mechernich (Römerkanal-Wanderweg) sowie im Prümer Land (Moor-Route, Grenzwanderweg), im Hillesheimer Land der Geo-Pfad, aber auch alle Jugendherbergswanderwege.

Örtliche Wanderwege werden überwiegend mit arabischen Ziffern (1,2...), als Wanderparkplatz-Rundwege mit dem vorangestellte A (A 1, A 2 ...) markiert.

Durch das Wandergebiet verlaufen zudem mehrere grenzüberschreitende Wanderwege, so der Europäische Fernwanderweg 8 (E 8, Nordsee – Karpaten) und der Ardennen-Eifel-Rundweg (AE, Frankreich – Belgien – Deutschland – Luxemburg), sowie der Maas-Rhein-Weg (Frankreich – Andernach). Eigens zu nennen ist der „Kölner Weg der Jakobspilger", der das Wandergebiet von Bad Münstereifel durch Blankenheim und das Prümer Land durchzieht (weiter nach Trier–Metz und durch Frankreich nach Santiago de Compostela in Spanien). Sie alle verlaufen auf Hauptwanderwegen des Eifelvereins.

Eifelsteig und Partnerwege

Der bedeutendste Weitwanderweg durch die Eifel ist der 313 km lange Eifelsteig von Aachen nach Trier, markiert mit eigenem Logo und vielfach beschildert. Er erreicht – vom Schleidener Tal kommend – in der Gemeinde Kall das Wandergebiet und durchquert es bis ins Hillesheimer Land. Er ist als Prädikatswanderweg ausgewiesen und steht unter dem Motto „Wo Fels und Wasser Dich begleiten".

Zum Eifelsteig sind etliche Partnerwege eingerichtet worden, ebenfalls Prädikatswanderwege, die die Angebote in der Kalkeifel und ihrer Umgebung bereichern. Nachgenannte Partnerwege sind ganz oder mit Teilen in diesem Buch enthalten.

Eifeler Kräuterpfad
Streckenwanderung Bad Münstereifel – Nettersheim (21 km), Busverbindung . (Teils in Tour 3)
Eifeler Quellenpfad
Streckenwanderung durch die Gemeinden Blankenheim – Nettersheim – Dahlem (76 km). (Teile in Touren 8, 10, 15 und 25)
Weitere Partnerwege werden noch in dem zum Land Rheinland-Pfalz gehörenden Wandergebiet ausgewiesen werden.

Weg ins Gillesbachtal.

Unsere schönsten Touren

Legende

- Kilometerangabe
- Höhenmeter (Auf- und Abstieg)
- Gehzeit
- Für Kinder geeignet
- Einkehrmöglichkeit
- Bergbahn/Gondel
- Sessellift
- Wichtige Information
- KOMPASS Highlight

Kartenlegende auf den Umschlagklappen

Für einen leichteren, aber ebenso schönen wie informativen Spaziergang wird empfohlen, ab Nettersheim (wie Tour 8) ins Urfttal zu gehen, aber abweichend vom Eifelsteig den Urfttalweg (U) beizubehalten, stets abwärts und zur Römerquelle „Grüner Pütz"; dahinter weiter auf diesem Urfttalweg, an einer Rufschranke über die Bahngleise und den Fluss, dann nach Urft. Von dort kann mit der Bahn nach Nettersheim zurückgefahren werden. Noch ein Tipp: Da manche Züge der Eifelstrecke Köln-Trier in Urft nicht halten, sind Anreisende mit PKW gut beraten, in Urft zu parken und zuerst mit dem Zug nach Nettersheim zu fahren.
Für ausdauernde und sportlich ambitionierte Wanderer, die zugleich viel Interessantes sehen möchten, ist die Tour 8 das Richtige. Sie führt abwechslungsreich über Eifelsteig und Quellenpfad bergauf und bergab, zu den Anfängen der römischen Eifelwasserleitung und überhaupt zu aus der Römerzeit stammenden Kultur- und Technikdenkmalen. Wer hingegen für einen Tag mehr gemütvoll in ruhig-beschauliche Landschaft will, findet in Tour 13 eine Anregung, weit durch die Dollendorfer Kalkmulde und ihre Wacholderschutzgebiete zu streifen.

Schwierigkeitsbewertung

Blau
Leichte Wanderungen, die für Familien und Kinder geeignet sind. Die Wege sind gut begehbar und markiert, allerdings können kurze, auch kräftigere Steigungen nicht ausgeschlossen werden. Soweit Kinderwagen mitgeführt werden können, wird dies ausdrücklich erwähnt.

Rot
Mittelschwere Wanderungen, die etwas Ausdauer und Kondition erfordern. Ausschlaggebend ist weniger die Länge der Wanderstrecke, als der durch Steigungen und Gefälle, Gelände- und Wegbeschaffenheit bestimmte Schwierigkeitsgrad. Hohe Wanderschuhe sind von Vorteil.

Schwarz
Anstrengende, anspruchsvolle Wanderungen, vor allem Tageswanderungen mit kräftigem Auf- und Ab, die entsprechendes Durchhaltevermögen voraussetzen. Keine als alpin einzustufenden Touren. Bei Nebel und Glätte eine andere Wanderung wählen. Nässefeste, hohe Wanderschuhe mit guten Profilsohlen sind ebenso wichtig wie (Not-)Verpflegung im Rucksack.

1. Bad Münstereifel – um Rodert – Forstlehrpfad

Jahrhundertweg durch die Waldberge

Ausgangspunkt: Parkflächen Schleidtalstraße, unter der B 51 oder der nahe Bahnhof | **Bus/Bahn:** Voreifelbahn (Bonn–Euskirchen–Bad Münstereifel), Busverkehr von allen Richtungen **Charakter:** Besonders reizvolle Bergwanderung auf zumeist festen Wegen | **Einkehr:** Unterwegs keine | **Karte:** KOMPASS Nr. 758

Mittel | 10 km | 210 hm 210 hm | 3 Std.

Vom Parkplatz zunächst die **Erft** überbrücken, links „Kölner Straße" am Bahnhof vorbei und durch das **Werther Tor**. In der anheimelnden Innenstadt neben der Erft und auf Weg 100 Richtung Jugendherberge abbiegen, neben der Jesuitenkirche St. Donatus die „Delle" hinauf, weiter durch das **Johannistor** und die B 51-Unterführung; rechts „Kreuzgäßchen" hoch; oben (Richtung Rodert) links bergauf; oberhalb der Schranke nach rechts, nächste Abzweigung links weiter um den **Radberg**; am Ortsrand von **Rodert** rechts noch bis zur Ecke. Hier rechts auf Weg 3 um den **Eselsberg** nach Rodert. Dort wieder auf Weg 100: „Hegebachweg" rechts, von Haus Nr. 15 aus der Kurve rechts zum Wald hochsteigen; oben links um den Waldrand zum „Effelsberger Weg"; nach rechts, zwischen Forsthaus und Parkplatz links in den **Forstlehrpfad**; durch den Quellgrund des **Schiesbaches** und gerade ansteigen, über den querenden Waldfahrweg hinweg zur **Eichenhütte**; nach rechts (auch Weg A3) 1,2 km zur **Buchenhütte**; vor dem **Koh-**

KOMPASS INFO

Das Stadtgebiet von Bad Münstereifel markiert den nordwestlichen Rand der Kalkeifel. Nachgewiesen wird dieser geologische Untergrund vor allem durch die Münstereifeler Kalkkuppen, im Stadtteil Iversheim sogar durch ein verbliebenes Korallenriff, und industriegeschichtlich durch eine römerzeitliche Kalkbrennerei.
Nach römisch-keltischer Vergangenheit entstand die Stadt selbst um ein 830 n. Chr. von der Abtei Prüm gegründetes Kloster (Münster). Sie ist die wohl meistbesuchte Freizeitstadt der Eifel und ihr romantisches Zentrum um den Flusslauf der jungen Erft brachte ihr den Beinamen „Rothenburg der Eifel" ein.

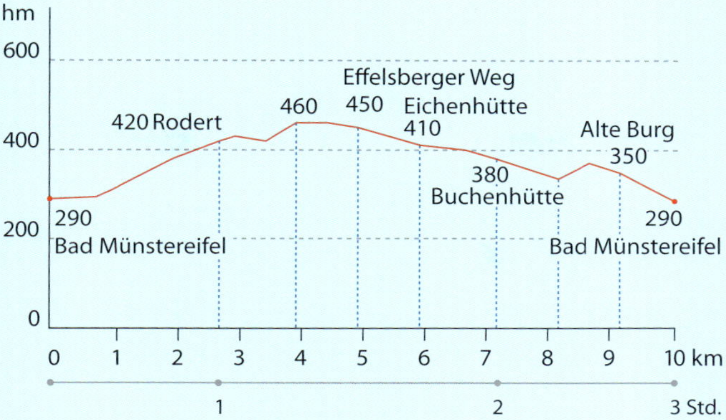

lenmeiler rechts und durch den **Urwald Am Dicken Baum**, danach abwärts ins Schiesbachtal; über die Querstraße in die „Heckenbergstraße", nach rechts Richtung Dachsbau ansteigen; an der Schutzhütte geradeaus, langsam wieder abwärts, am **Ringwall Alte Burg** noch um die Linkskurve.

Von der tieferliegenden Abzweigung rechts abbiegen, ins **Schleidbachtal**, das „Am Quecken" nahe dem Ausgangspunkt erreicht wird.

Fachwerkhäuser in Bad Münstereifel (© Kurverwaltung Bad Münstereifel).

Röttgerhof
WEILER AM BERGE
Röttgerberg
417
Schlangenberg
Am Schlangenberg
NSG
343
Harth
112
Bad Münstereifel/
Mechernich
Herkelstein
434
ESCHWEILER
Stockert
434
Radioteleskop
HOLZHEIM
395
Burg Heistard
Lambertsberg
362
Eschweiler-Bach
Hirnberg
456
Am Hirnberg
Nöthener Mühle
Speerhaus
309
Gut Vogelsang
429
Halsberg
383
HARZHEIM
Gilsdorf
366
396
NÖTHEN
350
Hirnberg
Tönnesbus
Wermertshof
Ahr-Venn-Weg
Wespelbach
Bosset
393
Hohes
420
HOHN
438
Jakob-Kneip-Berg
Römischer Tempel
398
Horntal
Steinbüchel
456
Pfaffenbusch
Am Schlierbach
396
Pesch
465
Zimmerscheid
Quartbach
Hornbach
Kalvenbach
Gymnasialwald
420
Witscheider Hecke
Hondert
488
Bouderath
465
Witscheider-hof
505
473
Wurstberg
498
Hollerberg
51
466
E8
KD

Hühlesberg
IVERSHEIM
270
Hartenberg
415
340
Iversheimer
Hartenberg
Arlhoffer Berg
403
Beßenberg
327
Wald
Kirchh
Karnbach
Giersberg
Gut Giersberg
420
375
Schleidbach
START
401
Toni-Hürten-Mus.
Alte Burg
Apotheken-Mus.
Stadtwald
Arlhoffer Straße
446
BAD MÜNSTEREIFEL
371
Bollscheider Kopf
474
RODERT
292
RuR
Felsennest
Ahrstraße
465
5-Wege Kreuzung
Effelsberger Weg
Houverather Pfad
431
Eifelbad
51
Thönnes-busch
Vollmühlen-berg
Linderjahn
Eicherscheider Trift
474
Fanisberg
507
am Effelsberger Weg
Kapelle Decke Tönnes
Langer Kopf
321
Hohner
Hohner Wald
Rothberg
EICHERSCHEID
Effelsb
venbach
Wald
Mahlberger Wald
Rückhalte-becken
Grau-wacke
Lingscheider-hof
Schönauer Wald
470
504
427
422
Bergrath
Ohrtsberg
440
506
Hardtberg
426
SCHÖNAU
Wichertsberg
Lückenbach

2. Durch das Naturschutzgebiet Eschweiler Tal und Kalkkuppen

Hirnberg – Stockert – Eschweiler

Ausgangspunkt: Parkplatz Hirnberg an der L 165 (A1-Zubringer) östlich Nöthen | **Bus:** Linie 821 (Schleiden – Nettersheim – Bad Münstereifel), Haltestelle Nöthener Tannen | **Charakter:** Bergwanderung zu einer orchideenreichen Kalkmagertrift, jedoch überwiegend im Wald. Wunderbare Landblicke über die Kalkkuppen | **Einkehr:** Unterwegs nur „Golfstube" vor Eschweiler
Karte: KOMPASS Nr. 758

Mittel | 13,5 km | 280 hm / 280 hm | 3:30 Std.

Oberhalb des Parkplatzes durch den „Hirnbergweg". Hinter dem letzten Haus sofort bergab auf Weg 10. Von einer Abzweigung (über den Bachgrund) rechts und weiter talwärts, auch am **Orchideenhang**; unten den **Eschweiler Bach** überbrücken, links aufwärts, „Am Stockert" nach rechts und bald ansteigen; an einer Gabelung links und diesen Waldweg steigend beibehalten. Oben den Wiesen **Am Kalkofen** entlang mit Fernblick über die Kalkkuppen, danach auf den **Stockert** und im Bogen um das eingezäunte **Radioteleskop**; vom Waldrand (Weitblick in die Osteifel) zuletzt die Zufahrtsstraße hinab, durch die Golfplätze zur K 45 (Marienbildstock) vor **Eschweiler**.

Gleich rechts „Moselweg" bergab, unten rechts, nach 40 m links „Salzachstraße", verlängert als Weg ins Eschweiler Tal. Dort Fahrweg nach rechts. Am Steinbruch **Ohlesberg**

KOMPASS INFO

Der Abstieg ins Eschweiler Tal führt an Kalkmagertriften entlang. Die von heimischen Orchideen für ihre Fortpflanzung benötigten Bodenpilze gedeihen auf solchen Böden besonders gut. Entsprechend ist ihr Artenreichtum dort.
Das Radioteleskop auf dem Stockert, ab 1956 eine Forschungs- und Lernsternwarte der Universität Bonn, ist außer Betrieb. Anfragen zur Besichtigung des Technikdenkmals unter www.astropeiler.de.
Der Steinbruch am Ohlesberg ist ein geologischer Fundort aus der Zeit des devonischen Eifelmeeres.
Der Stockert ist ein tiefgehender Kalk-Dolomitberg.

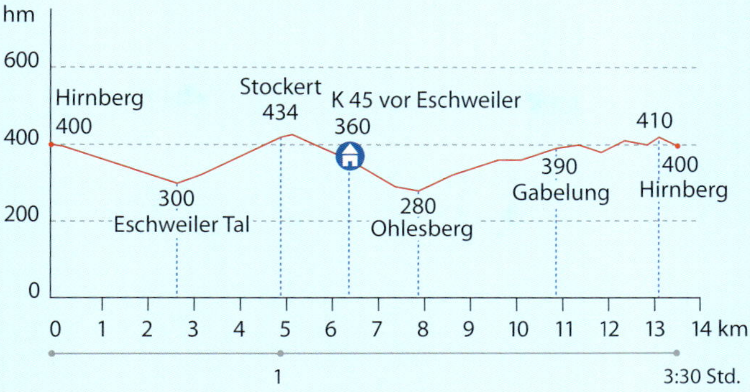

(geologischer Fundort aus der Zeit des Eifelmeeres im Devon) links über den Bach und den Fahrweg A 1 bis zur oberen Wiese ansteigen. Dort rechts in den Waldweg A 2 für fast 2 km. An einer markierten Gabelung links auf den festen Weg 11. Etwa 1,4 km um den **Hirnberg**; mit der querenden Waldstraße (ab hier auch Weg 10) rechts, um das **Hähnchen** und zurück bis zum Ausgangspunkt.

Blick vom Stockert auf Eschweiler.

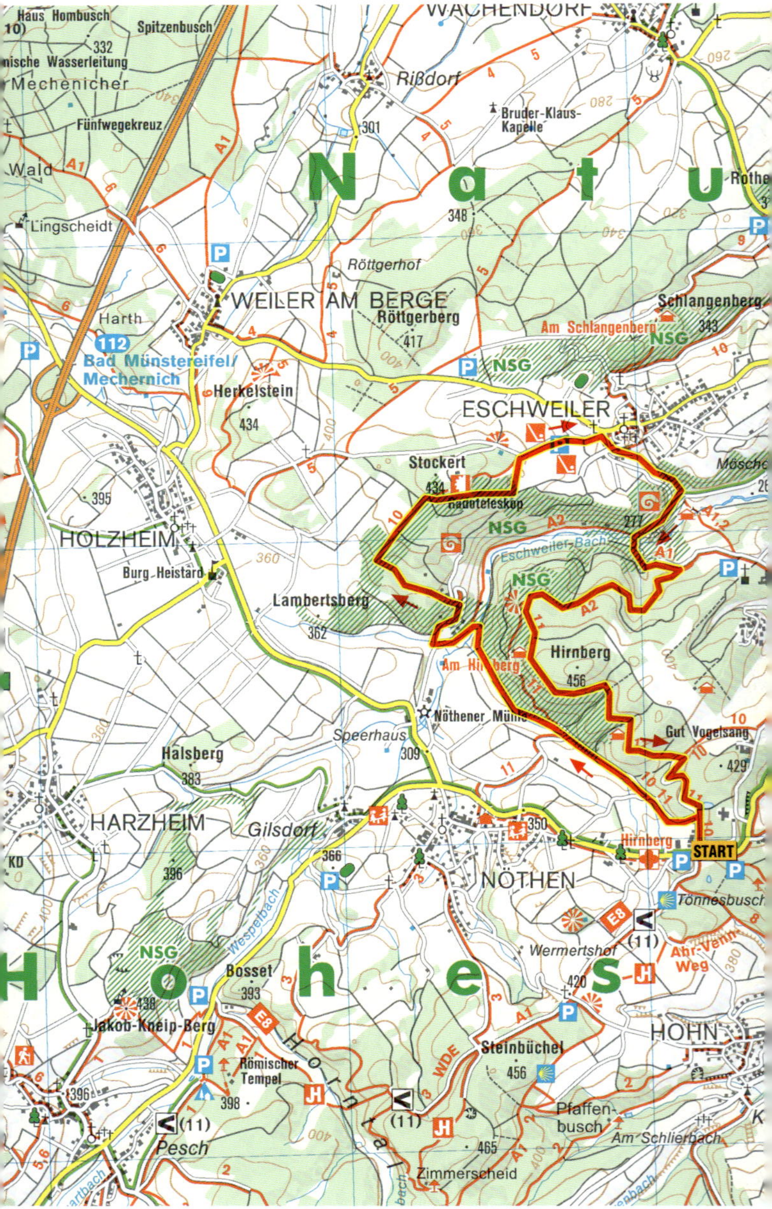
Haus Hombusch
Spitzenbusch
332
Mechenicher
Fünfwegekreuz
Wald
Lingscheidt
WACHENDORF
Rißdorf
301
Bruder-Klaus-Kapelle
Natu
Rothe
348
Röttgerhof
WEILER AM BERGE
Röttgerberg
417
Harth
Bad Münstereifel/Mechernich
112
Herkelstein
434
Schlangenberg
Am Schlangenberg
343
NSG
ESCHWEILER
Stockert
Radioteleskop
Möscher
395
HOLZHEIM
Burg Heistard
277
Eschweiler Bach
Lambertsberg
362
Hirnberg
456
Am Hirnberg
Nöthener Mühle
Gut Vogelsang
429
Speerhaus
309
Halsberg
383
HARZHEIM
Gilsdorf
366
350
NÖTHEN
Hirnberg
START
Tönnesbusch
396
Wespelbach
Wermertshof
Ahr-Venn-Weg
420
Hohes
Bosset
393
438
Jakob-Kneip-Berg
Römischer Tempel
398
Hornbach
Steinbüchel
456
HOHN
Pesch
Pfaffenbusch
Am Schlierbach
465
Zimmerscheid

KALKAR
ARLOFF
Römische Kalkbrennerei
park
(Korallenriff)
Hühlesberg
IVERSHEIM
Hartenberg
Iversheimer
Beßenberg
Hartenberg
Arlhoffer Berg
Wald
Kirchhei
Karnbach
Giersberg
Gut Giersberg
Schleidbach
Alte Burg
Buchenhütte
Stadtwald
BAD MÜNSTEREIFEL
Bollscheider Kopf
Arlhoffer Straße
RODERT
Felsennest
Eselsberg
Ahrstraße
5-Wege Kreuzung
Effelsberger Trift
Houverather Pfad
Eifelbad
Vollmühlenberg
Linderjahn
Eicherscheider
Fanisberg
am Effelsberger Weg
Weg
Kapelle Decke Tönnes
Langer Kopf
Hohner
Hohner Wald
Rothberg
EICHERSCHEID
Effelsberg
Wald
Mahlberger Wald
Rückhaltebecken
Schönauer
Erft
Mühle

3. Zwischen Bad Münstereifel und Nettersheim

Zum Römertempel und um Pesch

Ausgangspunkt: Parkplatz Hornbachtal zwischen Nöthen und Pesch | **Bus** Linie 821 von Nettersheim und Bad Münstereifel **Charakter:** Wald- und Feldwanderung, die etwas Kondition erfordert, aber mit Landblicken und Kultur belohnt | **Einkehr:** Unterwegs keine | **Karte:** KOMPASS Nr. 758

Mittel | 12 km | 315 hm / 315 hm | 3 Std.

Über den **Wespelbach** starten, gleich rechts über den **Hornbach** und links sein Tal 270 m aufwärts. Ab einer Waldecke auf den **Eifeler Kräuterpfad**: rechts bergauf zum **Römischen Tempel auf dem Addig**; dahinter steil und ins Wespeltal; den Teerweg hinauf, nahe **Pesch** die K 34 nach links überschreiten und 800 m geradeaus; dann 2 x rechts, über den Bachgrund. In Pesch „Auf dem Stucks" scharf links (auch Weg 24) ansteigen, links um den **Lickenberg**; im **Zingsheimer Wald** bis zur **Schutzhütte Fuchshecke**.

Rechts abbiegen und den Fahrweg kurvig abwärts. Nächste Abzweigung rechts, die folgende links und bald 700 m um den Waldrand. Zuletzt den steinigen Fahrweg hinab zur L 206. Andere Straßenseite nach rechts, aber noch vor dem Parkplatz – am Wiesenende – links den **Paulsgraben** hinauf. Von oben den Querfahrweg rechts hinab nach Pesch. Unterhalb des Friedhofs links „Auf der Jücht" (>), nach Rechtskurve ansteigen, oben die Querstraße links hoch, Richtung Weyer bis zum oberen Waldrand. Dort rechts in den geraden Feldfahrweg. Auf der Höhe nach rechts, vom Gebüsch links hinab zur K 34. Diese ansteigen, ab der Baumgruppe

KOMPASS INFO

Römischer Tempelbezirk auf dem Addig, im Volksmund auch „Heidentempel" genannt, mit den Weihesteinen für die sog. Aufanischen Matronen (vgl. auch den Römertempel bei Nettersheim, Tour 8). Die drei Göttinnen wurden von den Römern sehr verehrt. Geschichtstafel am Ort.
Der **Eifeler Kräuterpfad**, ein Partnerweg des Eifelsteigs, verläuft von Bad Münstereifel nach Nettersheim (21 km).

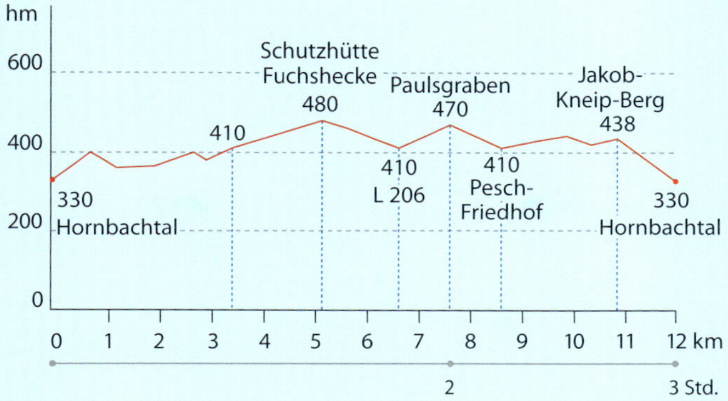

(mit Kreuz von 1728) aber links auf den **Jakob-Kneip-Berg**. Oben nach rechts, vom Sendemast bergab Richtung Hochleitung bis Mitte der unteren Feldflur. Nach links durch die Felder; an der folgenden Abzweigung rechts hinunter zum Ausgangspunkt.

Römischer Tempelbezirk auf dem Addig.

HOLZHEIM
Burg Heistard
Lambertsberg
362
Römischer Aquädukt
Röm. Wasserleitung
Aquäduktbrücke
Speerhaus
Halsberg
383
Birkenberg
446
HARZHEIM
Gilsdorf
Römerstraße
396
Kakus-höhle
DREIMÜHLEN
Hermesberg
455
NSG
Wespelbach
Bosset
393
Jakob-Kneip-Berg
Katzenberg
START
Hornta
Pützberg
480
Hardt
Römischer Tempel
398
Pesch
483
Nettersheim
Quartbach
Paulsgraben
431
Hondert
488
Lickenberg
466
Wurstberg
498
465
473
Zingsheimer
Wald
Sollig
Röm. Gutshof (Villa rustica)
Lewesterberg
Roderath
Martertal
Himberg
KOMPASS
0 500 m

Giersberg
Gut Giersberg
Hirnberg
Gut Vogelsang
Toni-Hürten-Mus.
Apotheken-Mus.
Alte Burg
Buchenhütte
BAD MÜNSTEREIFEL
RODERT
Felsennest
Eselsberg
NÖTHEN
Hirnberg
Tönnesbusch
Thönnes-busch
Eifelbad
Ahr-Venn-Weg
Wermertshof
5-Wege-Kreuzung
Effelsberger Trift
Vollmühlen-berg
Linderjahn
Eicherscheider
Fanisberg
Hohner
HOHN
Steinbüchel
Rothberg
EICHERSCHEID
Hohner Wald
Pfaffen-busch
Kolvenbach
Am Schlierbach
Rückhalte-becken
Grau-wacke
Lingscheider-hof
Gymnasialwald
Witscheider Hecke
Bergrath
Ohrtsberg
Witscheider-hof
Weißenstein
Hardtberg
SCHÖNAU
Hollerberg
Lückenbach
Wichertsb
MAHL
Jonaskreuz
Kirchberg
Kranberg
Langscheider Berg
Markuskapelle
Raths-Mühle
Erft-quelle
Schocher Mühle
Langscheid
Buirberg
Erft
Ohrbach
Bügesbach
Krumes
NSG
Eschweiler Bach
Schleidbach

4. Mechernich – Bleiberg

Bergbauhistorischer Rundwanderweg

Ausgangspunkt: Bergbaumuseum mit Besucherbergwerk Grube Günnersdorf an der Bleibergstraße (K 28 Richtung Bergheim) **Bahn:** Eifelstrecke Köln–Trier; vom Bahnhof 1,2 km zum Ausgangspunkt | **Charakter:** Lehrreiche Wanderung, weithin durch schönen Wald, teils auf steinigen Wegen. Info-Tafeln an den Technikdenkmalen. Rückweg etwa 3 km geteert, aber mit weiteren 6 Info-Tafeln | **Einkehr:** Unterwegs keine | **Karte:** KOMPASS Nr. 757

Leicht | 8 km | 150 hm 150 hm | 2 Std.

Baltesbendener Weiher.

Auf Rundweg A 1 durch das einstige Bergbau- und heutige Naturschutzgebiet. Neben der K 28 ansteigen, oberhalb der Querstraße auf die linke Seite, auch ab der Kasernenzufahrt noch 80 m. Rechts über die Straße und in den Wald steigen, folgende Abzweigung links, nach 250 m rechts und bald

KOMPASS INFO

Mechernich, heute mit Stadtteilen bis in die Sötenicher Kalkmulde, erhielt seinen Namen von der keltogermanischen Bergbausiedlung macriniacum. Über den Bleiberg verlief einst die Römerstraße Trier – Marmagen – Köln und durch das Stadtgebiet auch die römische Eifelwasserleitung Nettersheim – Köln (s. Touren 5, 7 u. 8). Besucherbergwerk Grube Günnersdorf mit Bergbaumuseum. Tel. (02443) 48697, Fax: (02443) 8204.

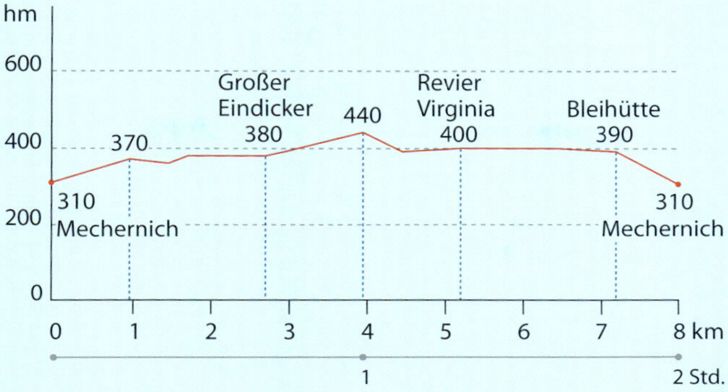

nochmals links zum **Baltesbendener Weiher**. Davor nach rechts, Querweg links; hinter dem einstigen **Forsthaus** erneut rechts. Nach Anstieg rechts durch die **Baltesbenden** mit **Kalkbodenflora**. Hinter **Großer Eindicker** links hoch, vor dem **Spülfeld** nach rechts und bald im **Buchholz** 1 km leicht steigen. Nach Rechtskurve deutlich bergab zu einer Straße. Diese nach rechts, mit Ab und Auf bis vor **Revier Virginia**.

Nun gerade nach rechts zum **Revier Resshecke**, danach **Bachrevier**. An der **Vorbrecheranlage** rechts der Straße (Hochleitung), doch ab dem **Malakow-Turm** wieder auf der Straße , bald zur **Bleihütte**. Zuletzt hinab zum Militärdepot. Nach rechts, auf dem linken Fuß- und Radweg hinab zum Ausgangspunkt.

Malakow-Turm auf dem Bleiberg.

KOMPASS

0 500 m

EICKS
Eickser
Busch
287
Kommerner
Busch
p a r k
Rheinisches
Freilicht-
museum
Römergrab
HOSTEL
Sommerrodelbahn
477
375
MECHERNICH
Marienau
Mittelhütte
ROGGENDORF
ENDORF
266
Weißenbrunnen
Bleibach
Stollenhütte
STREMPT
Malakow-Turm
Baltesbenden
Langer Emil
Blei
START
Besucherbergwerk
Grube Günnersdorf
BREITENBENDEN
Baltesbendener
Weiher
s v e n n -
NSG
Buchholz
Buchholzer
Weiher
Deponie
Risa
Bleiberg
412
BERGHEIM
Unterurholz
Galgennück
Pflugberg
498
455
LORBACH
KALLMUTH
388
röm. Brunnenstube
Lichtertberg
EISERFEY
Karlsburg
Rüttlenkniep
406
Röm. Wasserleitung
Aquäduktbrücke
Römischer
328
KOMMERN
270
Becherhof
Auf den Steinen
252
Pützber
300
SCHA
Bleibach
Hochwild-
schutz-
Barbarakapelle
1000-jährige Eiche
Burgfey
Vierwege
289
WBR
TR
EHR
A1
A2
A3

5. Vussem – Kartstein – Römerkanal

An der Römischen Eifelwasserleitung im Stadtgebiet Mechernich

Ausgangspunkt: Parkplatz am Römischen Aquädukt (Titusstraße, Zufahrt ab der B 477 im Ort beschildert) | **Charakter:** Informative Rundtour mit Auf und Ab auf überwiegend festen, teils auch geteerten Wegen. Tafeln an den Kulturdenkmalen. **Einkehr:** An der Strecke nur in Eiserfey | **Karte:** KOMPASS Nr. 757

Mittel | 12 km | 350 hm 350 hm | 3 Std.

Dem unteren Parkplatzrand gegenüber (von Tafel 15 aus) über eine Treppe aufsteigend, kann oberhalb des Aquädukts die Bauleistung der Römer besichtigt werden.

Wir folgen dem gekennzeichneten **Römerkanal-Wanderweg**: Vom Parkplatz auf den Sportplatz, gleich rechts am Spielfeldrand vorbei und den Pfad hoch zum Friedhof; nicht links oder rechts, vielmehr die Feldstraße abwärts; an der Abzweigung weiter unten nach links durch den Hang über dem **Altebachtal**, wo der Verlauf der **Römischen Eifelwasserleitung** als Buckel in der Wiese, später aufgeschnitten neben dem Weg zu erkennen ist; in **Eiserfey** nach rechts „Im Wiesental" über den Bach zur B 477.

Diese Richtung Vollem nur überqueren, sofort links „Alter Weg" durchgehen. Von dessen Ende (unterhalb der Kirche, B 477) ein paar Schritte nach rechts, vor der Bushaltestelle rechts „Zur Kakushöhle" abbiegen. Hinter Haus Nr. 16 (Schild) rechts den Wiesenhang hinauf und den **Kartstein** ansteigen. Von einer Abzweigung des Bergpfades kann links (unterer Weg) an den **Kakushöhlen** vorbei bis zum Parkplatz (Haus) gestiegen oder nach rechts (oberer Weg) über den **Abschnittswall** gegangen werden.

Die Wanderung setzt sich ab dem Parkplatz (Haus) mit der Mark. > fort: Die Stufen ansteigen, oben

KOMPASS INFO

Römische Eifelwasserleitung Nettersheim – Köln s. Tour 8. Dieser sog. Römerkanal überbrückte in Vussem das Veybachtal auf 75 m Breite; der Aquädukt stand auf 14 Pfeilern. Von Urfey und von Weyer kamen Nebenquellen in den Römerkanal, Wasser lieferte zudem die Quellstube „Klausbrunnen" (2. Jh.).
Kartstein und **Kakushöhle** wurden bereits in der Altsteinzeit (70 000 v. Chr.) von Menschen bewohnt. Anschlagtafeln im Naturschutzgebiet.

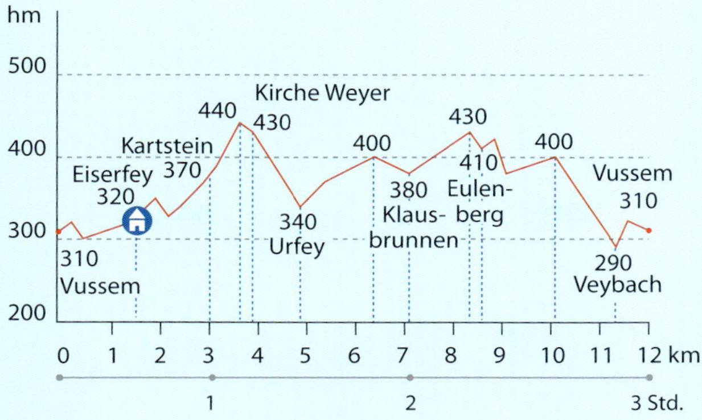

nach links durch Gebüsch, am Feldrand nach rechts, doch in den nächsten Feldweg nach links und über den Höhenzug (ein Hof bleibt links) zur **Kirche Weyer**; in Richtung Friedhofsmauer über die Kreuzung hinweg in eine Feldstraße, doch in den nächsten Feldweg nach rechts und (Beton-Elektromast) hinab nach **Urfey**.

In der Dorfmitte scharf rechts aufwärts, an einer Laterne den Hangweg hoch. Über dem **Kallmuther Bachtal** erneut auf den Römerkanal-Wanderweg. Dem Waldrand entlang; aus einem Waldeinschnitt nach rechts und mit der Hahnenberger Straße bis vor ein Haus, rechts Treppen hinab zur **Römischen Quellfassung Klausbrunnen**; die Talstraße aufwärts bis eingangs ihrer Linkskurve (unterhalb Kallmuth), dort scharf rechts den Waldweg ansteigen; am oberen Ende einer Waldfreifläche rechts haltend abwärts; nach Austritt aus dem Wald im Bogen hinter dem **Eulenberg** (Kreuz) vorbei und oberhalb **Vollem** entlang; von der Straßenabzweigung (Bänke) abwärts, aus der folgenden Straßenkurve wieder links abbiegen und den Feldweg hinan bis hinter Tafel 13 (Römerkanal-km 20,6). Von dort geradeaus am Hang bleiben und auf Weg 7. Durch Gebüsch zum Waldende; vom Beginn einer Feldstraße (Blick auf Lorbach und Bergheim) sofort rechts bergab zur K 77; oberhalb des Bildstocks von 1757 mit der Anliegerstraße nach **Vussem** („Harterweg"). An der Kapelle über die B 477, mit dem „Keilbergweg" bis über den Veybach. Oberhalb des Gehöftes nach links ansteigen, auf dem Hinweg hoch zum Friedhof und zurück zum Ausgangspunkt.

Römerkanal bei Eiserfey.

BERGBUIR
Wasserwerk
Schliebach
EHR
308
(10)
BLEIBUIR
SCHÜTZENDOR
Eselsbach
Schoßbach
Weißenbru
358
LÜCKERATH
Denrath
334
Heufahrtshütte
TR
Stollen
Wielspütz
371
BESCHEID
370
Gute-Hoffnung
(10)
Hohes
Hahnenberg
430
VOISSEL
380
Haus Risa
Wallenthal
KALENBERG
371
360
Nonnenknipp
266
Scheven
390
Urft
Wallenthalerhöhe
Mastermühle
Heidehof
430
E8
Kaller-
heistert
Dottel
378
PIN
458
Felswand
mit Kreuz
Ravelsberg
(11)
Nationalpark
Info
E8
460
Keldenich
Kall
Meurerhof
Kallbach
RW
Römische
Wasserleitung
WDE
E8
A10,12
Loshardt
Lierberg

0 500 m

MECHERNICH
Marienau
Mittelhütte
GGENDORF
1000-jährige Eiche
Burgfey
Römische
Mech
Haus
(10)
park
Barbarakapelle
266
477
289
Vierwege
Feyermühle
Wald
Blei
304
Besucherbergwerk
Grube Günnersdorf
Bleibach
Lin
STREMPT
Langer Emil
BREITENBENDEN
Malakow-Turm
Baltesbenden
Baltesbendener Weiher
277
Röm. Wasserleitung
Venn-
NSG
Buchholz
Buchholzer Weiher
Karlsburg
Rüttlenkniep
406
VUSSEM
Bleiberg
412
BERGHEIM
328
Unterurholz
Galgennück
START
Römischer Aquädukt
Pflugberg
498
455
Röm. Wasserleitung
Aquäduktbrücke
LORBACH
E29
KALLMUTH
388
Lichtertberg
EISERFEY
röm. Brunnenstube "Klausbrunnen"
Veybach
Birkenberg
446
VOLLEM
Kakus-höhle
Römerstraße
Urfey
WDE
DREIMÜHLEN
Hermesberg
455
Hagelberg
WEYER
421
E8
Katzenberg
440
(11)
Königsfelder Tal
Weyerer Wald
(11)
NSG
Brehberg
525
Pützberg
480
Hardt
An der

6. Kall: Der Pingenwanderpfad

Zu Erzgruben und Schürfstellen

Ausgangspunkt: Bahnhof Kall. Parken an der Trierer Straße, Tunnel zum Bahnhof | **Bus/Bahn:** Eifelstrecke Köln–Trier. Busverkehr von allen Richtungen | **Charakter:** Montanhistorischer Wanderweg, überwiegend im Wald, mit 20 Info-Tafeln. Keine schwierige Bergwanderung, Rastbänke und Fotomotive
Einkehr: Nur in Kall, unterwegs keine | **Karte:** KOMPASS Nr. 836

Mittel | 12 km | 350 hm 350 hm | 3 Std.

Vom Bahnhofsausgang nach rechts, an Tafel 1 und am Rathaus vorbei. Über die querende „Aachener Straße", „Im Sträßchen" mit Links- und Rechtskurve, am Ende über die Bahntrasse. L 204 nach rechts, jedoch neben Haus Nr. 6 den Hang zum „Fels" hoch. Vor der Grillhütte links auf den Waldpfad, auch an Tafel 2 vorbei, und im Steilhang bleiben, zuletzt abwärts zu einem Parkplatz. Auf dem unteren Pfad parallel zur Landstraße, von Tafel 3 zum **Römischen Steinbruch**. Hier über die L 204, die Bahn und die **Urft**. Nach rechts und links über eine kleine Brücke aufwärts. Oben geradeaus (Richtung Eisenauerstraße 101) ins Tal ansteigen, später rechts vom Fahrweg auf einem Pfad. An Tafel 5 vorbei über das Bächlein und weiter bergan. Von der nächsten Abzweigung (am unteren Weg Tafel 6) den oberen Weg hoch. Später noch einmal über eine kleine Brücke und einen Pfad im **Olefer Kirchenwald** hinauf, zuletzt über eine Wiese zur breiten Forststraße. Auf dieser links, ansteigend an Tafel 7 vorbei (zugleich **Eifelsteig**) und über die Höhe zu einem mehrteiligen Wegetreff. Von Forststraße und Eifelsteig abweichend an Tafel 8 vorbei und Richtung Steinfeld bergab. Über einen Querweg hinweg und von Tafel 9 noch 250 m. In den scharf rechts ansteigenden Fahrweg wechseln, doch nach 150 m vom flachen Weg rechts in einen Pfad abbiegen, bald Linkskurve und ab Tafel 10 zurück zum Fahrweg.

KOMPASS INFO

Bereits im 3. Jh. v. Chr. gruben die Kelten, später auch die Römer, in der Eifel nach Bleierzen; ab dem 16. Jh. wurde bei Kall zudem Eisenerz gewonnen. Die alten Gewerke werden im Wald erfahrbar durch Pingen (Erzgruben) und Abraumhügel und durch Tafeln veranschaulicht. Zur Erzgewinnung siehe auch Touren 23 und 28 sowie Seite 14–15.

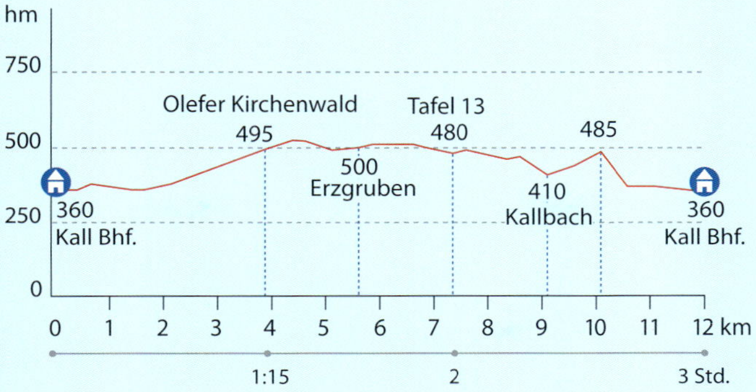

Auf diesem rechts, oben nochmals rechts in einen Pfad, zu Tafel 11, im Linksbogen um alte Tagebaugruben erneut zum Fahrweg. Auf diesem nach rechts. Von der nächsten Abzweigung nach links den Fahrweg hinab, auch an Tafel 12 vorbei. Wo der Weg flach wird, rechts an Tafel 13 den Pfad hinab. Hinter dem Bachbrückchen erst nach links, bald aber rechts hoch und zu den Tafeln 14, 15 und 16 in altem Grubengelände. Dahinter links abwärts, bald aus dem Wald treten und an seinem Rand bergab. Unten in die Feldflur ansteigen, oben links, nächster Feldweg rechts und den „Höhenweg" hinab nach **Golbach**. Die L 205 nach unten überqueren und auf der „Kapellenstraße" durch den Ort ganz abwärts (auch unterhalb der Kapelle) und im Tal über den **Kallbach**.

Dahinter etwa 100 m ansteigen, aber vor dem Haus (zur Rechten) nach links Richtung Kall im Wald wieder aufwärts. Nächste Abzweigung rechts und an Tafel 17 vorbei, von der höchsten Wegstelle rechts den Steig hoch, ab Tafel 18 flach, hinter Tafel 19 abwärts. Hinter Tafel 20 ziemlich steil hinab nach **Kall**. Rechts durch die „Kallbachstraße". Hinter der Bachbrücke über die „Aachener Straße" und ihr nach rechts folgen, auch über den Verkehrskreisel hinweg. Erst vor der St.-Nikolaus-Kirche absteigen, sofort hinter Haus Nr. 33 die Treppen hinab, und von „Neuer Markt" über die Urft zum Rathaus, rechts zum Bahnhof.

Pingenwanderpfad, Tafel 16.

Hausley
Urft
Modenhübel
Auf der Eck
Lieberg
MORSBACH
Walberkopf
Hohenfried
HERHAHN
Scherpenberg
Kuckucksley
Hühnerbusch
Nachtberg
OLEF
Knoppenhüt
Höddelbach
Lützenb.
SCHEUREN
Wiesenberg
Hupperts-
ETTELSCHEID
harth
Krorepsberg
SCHLEIDEN
Weiermühle
Dieffenbach
Mühlenberg
Mühlenberg
BRONSFELD
Hausten
BROIC
Wiesgen
Altenberg
Eschberg
Kerperscheid
Oleftalbahn
Naturpar

Maisberg
MÜND
Maueler Berg
Hahnenberg
480
VOISSEL
H
(10)
EHR
TR
Mauel
Olefer
Oleftalbahn
357
Wallenthal
EHR
(11)
520
FELD
E8
WDE
Kirchen-
Wackerberg
516
Nonnenknipp
266
Urft
Anstois
Mastermühle
Waller
wald
TR
EHR
Mönichshardt
521
WDE
(11)
E8
Wackerberghütte
PIN
378
Kaller-
heistert
PIN
TR
Felswand
mit Kreuz
Wichelsberg
494
Kindshardt
PIN
530
480
START
Nationalpark
Info
(11)
WINTZEN
Kall
PIN
Kallbach
Urft
Römische
Wasserleitung
(4)
513
PIN
440
TR
Loshardt
Lierberg
Golbach
Sötenich
Hubertusho
Golbach
Straßbüsch
Pferdekopf
527
Römische
Wasserleitung
Honderberg
460
(4)
Stolzenburg
Stolzenburg
Pielstein
470
Frohnrather Kopf
509
Rinnen
Rotzbach
Kallbac

7. Von Kall nach Steinfeld

Um die Sötenicher Kalkmulde

Ausgangspunkt: Bahnhof Kall | **Bus/Bahn:** Eifelstrecke Köln–Trier
Charakter: Tageswanderung mit Auf und Ab, zunächst auf dem Römerkanal-Wanderweg nach Urft, ab Steinfeld auf dem Eifelsteig, zuletzt von Rinnen über die Höhen zurück | **Einkehr:** In Urft und Steinfeld | **Karte:** KOMPASS Nr. 836

Schwer | 19,5 km | 430 hm / 430 hm | 5:30 Std.

Vom Bahnhof nach rechts, die Gleisanlagen unterqueren und vom Parkplatz rechts mit der „Trierer Straße" (L 204) etwa 200 m zum Ortsende. Vor Haus Nr. 35 auf Weg 3: links ansteigen, vom Teerweg den Waldpfad hoch; oben Querweg nach rechts, bald an Tafel 9 der **Römischen Eifelwasserleitung** vorbei; an einer Abzweigung links hoch (Schutzhütte). Nach dem Waldaustritt auf den **Römerkanal-Wanderweg**. Rechts bergab; in **Sötenich** vor den Sportanlagen links (Wachtberg), dann links die Anliegerstraße hoch (Richtung Keldenich), auch über eine Querstraße; aus dem nächsten Talgrund nach rechts erneut aufsteigen; von der Gabelung hinter einem Jagdhausgelände nach links wieder aufwärts, ab der Zufahrt zum Hof Hühnerschlad als Feldweg; oben 80 m nach rechts (Kalkbodenflora mit Orchideen!), dann links durch den Wald, und bald bergab zu den Resten der **Stolzenburg** (Aussichtspunkte rechts vom Weg); Richtung Urft nach kurzem Anstieg zunehmend bergab, von Tafel 7 mit **Römerkanal-Ausschlüssen** (links vom Weg) steil hinab zur L 204; über die Landstraße und links bis vor **Burg Dalbenden**. Rechts abbiegen, über die **Urft** und die Bahn. Neben der **Alten Mühle** (zur Rechten) nach links auf den Weg „Mühlengraben", im Ort **Urft** „Auf den Steinen". Im Ortsinneren rechts die „Urfttalstraße" hinauf bis zur Bushaltestelle. Dort links „ Zum Eichtal" über den **Gillesbach**, gleich

KOMPASS INFO

Kloster Steinfeld: fast vollständig erhaltene mittelalterliche Reichsabtei, Erstgründung um 920 n. Chr., heute Salvatorianerkloster mit Gymnasium, Akademie und Bildungshaus; Gewölbekirche (Pfeilerbasilika, ab 1142). Zusammen mit dem Benediktinerinnenkloster Maria Heimsuchung ein Zentrum christlichen Kulturlebens in der Eifel. Am Eifelsteig gelegen und bedeutender Ausgangs- wie auch Zielpunkt für Wanderungen. **Gemeinde Kall** → S. 13.

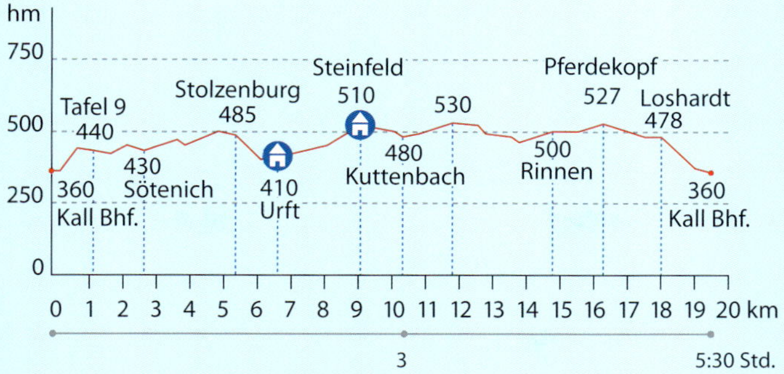

rechts „Am Gillesbach" talaufwärts, zuletzt geteert zur L 204. Rechts über die Brücke, links über den Parkplatz, vor dem Wald links ansteigen, vor dem **Forsthaus Steinfeld** rechts kräftig hoch nach **Steinfeld** (im Klosterbereich mit **Eifelbasilika**).

Weiter für 1 Stunde auf dem **Eifelsteig**: oberhalb um die Klostermauern in den „Benediktusweg", am **Kloster Maria Heimsuchung** der Benediktinerinnen vorbei und der Mauer folgen; links durch den Waldhang, zuletzt ins **Kuttenbachtal**; talaufwärts, bald den Bach überqueren und hinauf nach **Steinfelderheistert**; oben rechts über die Querstraße, links „Pappelweg" bis Ortsende, rechts weit durch die Feldflur; rechts um einen Wald, dahinter rechts und mit Linksschleife das Tal hinunter; unten über die **Kohlstraße** (L 203), vor Gebüsch rechts durch das **Salbersbachtal**, am Ende kleiner Linksschlenker, rechts dann über diesen Bach; links sein Tal abwärts bis zu einer Wegekreuzung vor dem **Kallbach**.

Rechts hoch nach **Rinnen**; Querstraße rechts, links „Sistaler Straße" durch den oberen Ortsrand und in dieser Richtung auch aus dem Ort. An der Feldstraßenkreuzung links hoch, oben rechts über den **Pferdekopf** (Schutzhütte) und diese Richtung nun beibehalten: im Wald an alten **Pingen** (Erzschürfstellen) vorbei; ab der folgenden Schutzhütte Richtung Kall über die **Loshardt**; zuletzt in **Kall** die Straße „Loshardt" ganz hinab. Rechts „Hindenburgstraße" über den Kallbach, dann links durch die „Bahnhofstraße" zurück zum Ausgangspunkt.

Kloster Steinfeld.

265
493
Knoppenhütte
OLEF
405
Selbach
Wichelsberg
494
Pingenwanderpfad
Oleftalbahn
Kindshardt
530
493
Hövelberg
WINTZEN
513
Pingenwanderpfad
407
Loshardt
478
Kallbach
SCHLEIDEN
530
BROICH
Goldbach
Golbach
Straßbüsch
Pferdekopf
527
Honderberg
460
Frohnrather Kopf
509
Rotzbach
Kallbach
528
Kerperscheid
258
u
r
p
d
USEN
475
Rinkenbach
Eichen
Ingersberg
Frohnrath
528
Prethof
Kläranlage
500
Hubertushof
RuR
R26
523
507
521
535
Sistig
Salbersbach
Kuhberg
502
528
Diefenbach
574
Felser
583
Krekeler Heide
607
540

0 500 m

START
Kall
Eisernes Kreuz
Keldenich
Ravelsberg
Hagelberg
Meurerhof
Ahr-Venn-Weg
Wanderweg der Dt. Einheit
Römische Wasserleitung
Lierberg
Sötenich
Kalkstein
Schwalbenhof
Margaretenhof
Hubertushof
Girzenberg
Brandenbusch
Auf der Schlad
Römische Wasserleitung
Stolzenburg
Hovelshof
Röm. Brunnenstube "Grüner Pütz"
Rosental
Acherlochhöhle
Burg Dalbenden
Neuwerk
Pielstein
Röm. Wasserleitung
Römerquelle
Urft
Jugendwaldheim
Rosental
Hermann-Josef-Brunnen
Hermann-Josef-Haus
Eichtertal
Kloster Eifelbasilika
Steinfeld
Königsberg
Ahrley
Bahrhaus
Hallenthaler Mühle
Halbig
Ackerpetersberg
Daubenforst
Nettersheim
Vogelsang
Wahlen
Pützberg
Mühlenberg
Hahnenberg
Römischer Tempel
Gallo-röm. Tempelbezirk Görresburg
Wilhelmshöhe
Marmagen

8. Nettersheim – Römerquelle – Marmagen – Römertempel

Vom Naturerlebnisdorf durch das Quellendreieck

Ausgangspunkt: Bahnhof Nettersheim, 2 Parkplätze | **Bus/Bahn:** Eifelstrecke Köln–Trier. Taxibus von Kall, Schleiden und Bad Münstereifel | **Charakter:** Berg- und Tal-Tageswanderung zu bedeutenden Kulturdenkmalen, durch weite Wälder und zu herrlichen Aussichtspunkten. Zumeist feste Wege, nur kurze Steilstrecken. Fernglas, Fotomotive! | **Einkehr:** Unterwegs in der Eifelhöhenklinik und im Ort Marmagen | **Karte:** KOMPASS Nr. 836

Schwer | 19,5 km | 340 hm / 340 hm | 5:30 Std.

Vom oberen Parkplatz über die Bahn und die **Urft**, hinter deren Brücke sofort rechts auf den **Eifelsteig** und den **Eifeler Quellenpfad**. Von der „Steinfelder Straße" rechts in die „Talstraße", auch unter der Straßenbrücke hindurch zu einer Querstraße mit Talbrücke; nach links ein paar Schritte, dann rechts den Hang hoch, rechts um die Leitplanke der **Ahrley** entlang, bald links-rechts und am Waldrand entlang; hinter einem alten Steinbruch im Wald bergab, kurvig und als Hohlweg bis ins Urfttal; nach rechts, hinter dem Fachwerkhaus „Gronrechsmühle" scharf links absteigen und im Talgrund am **Grünen Pütz** vorbei, **Hangsickerquelle der einstigen römischen Wasserleitung nach Köln**; dahinter wieder auf den Fahrweg oberhalb und weiter bis zu einem Schilderstock; hier links das **Eichtertal** 1 km aufwärts; fast oben rechts hoch, links zum Fahrweg; auf diesem rechts über die Feldhöhe; am Rand des nächsten Waldes zur Linken ansteigen; 80 m bevor sich der Weg wieder senkt rechts in den Wald, nach 50 Schritten links und erneut rechts durch diesen Wald, dessen Boden mit Maiglöckchen bedeckt ist, erst steigend, dann abwärts zu einem Fahrweg; links weiter, nach 400 m links steil hoch auf den **Königsberg** mit **Eifel-Blick** auf Steinfeld und die Eifelbasilika; nach Abstieg den Fahrweg abwärts, vor der Schranke links zum Parkplatz, unterhalb die L 204 überqueren und rechts daneben den parallelen Pfad abwärts, bis unterhalb eines Querweges.

Hier verlassen wir den Eifelsteig, folgen aber weiter dem **Eifeler Quellenpfad** (auch ▶): Nach links durch

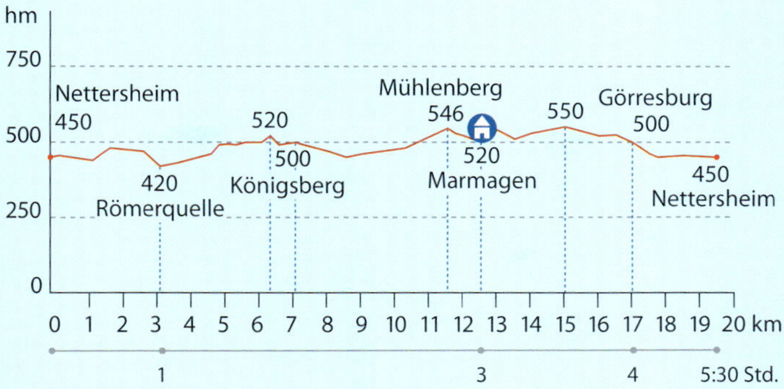

den Hang, danach dem Fahrweg nach links folgen, im Wald über dem **Gillesbach** oberhalb der **Hallenthaler Mühle** vorbei und noch 1 km; hinter einer Schranke links bergauf, an der nächsten Abzweigung wiederum nach links, hinter einer Rechtskurve bis zum oberen Waldende, zu einer Schutzhütte am **Mühlenberg**; nach links am Platz „Kalkmagerrasen" und den Stele-Skulpturen vorbei auf dem festen Weg um die Rechtskurve, dann links hoch zum Turm mit **Eifel-Blick**, auch wieder auf Steinfeld. Daneben die **Eifelhöhenklinik**.

Hinter dem Turm den Pfad am Wiesenzaun hinunter gehen, auch dem Parkplatz und der Klinikzufahrt entlang abwärts. Über die L 205, gleich rechts durch den „Stein-

Römischer Tempelbezirk „Görresburg".

KOMPASS

0 500 m

✪ KOMPASS HIGHLIGHT

Nettersheim, Naturerlebnisdorf, Naturschutzzentrum der Eifel und Sitz des Vereins Naturpark Nordeifel. Vielfältige Ausstellungen und Darbietungen zu Archäologie, Erdgeschichte und Natur der Eifel. → Seite 15.

Römerkanal, Fernwasserleitung zur Versorgung Kölns, der römischen Provinzhauptstadt Niedergermaniens COLONIA CLAUDIA ARA AGRIPPINENSIUM, erbaut im 1.–3. Jh. n. Chr., zumeist in Form einer aus Grauwackequadern gemauerten Röhre. Sie beginnt an der Hangsickerquelle „Grüner Pütz“ im Urfttal unterhalb Nettersheim, ist 95,4 km lang, liefert täglich 20 000 m^3 Trinkwasser und stellt die gewaltigste Ingenieurleistung der Römer auf deutschem Boden dar. Mit dem Abzug der römischen Verwaltung beginnt der Verfall (5. Jh.). Im Mittelalter werden viele Quader herausgebrochen und in Burgen und Kirchen verbaut, die im Kanal abgelagerten Kalksinter für Grabplatten und Säulen als sog. „Eifelmarmor“ verwendet. Die damalige Bevölkerung nannte die Röhre abergläubig „Teufelsader“. Es gibt einen eigenen „Römerkanal-Wanderweg“ von Nettersheim nach Köln, beschildert und mit nummerierten Tafeln.

Marmagen, entstanden aus dem Römerkastell MARCOMAGNUM an der Römerstraße nach Köln. Der „Eifelplatz“ erinnert an den Enkel der 1710 von Marmagen nach Frankreich ausgewanderten Familie Bönickhausen (die sich in der Fremde „Eifel“ nannte), jenen Alexandre Gustave Eiffel, der 1899 zur Weltausstellung den 300 m hohen Pariser Eiffelturm erbaute.

Görresburg wird ein gallo-römischer Matronentempel mit den Göttinnen der Fruchtbarkeit genannt.

felder Weg“ nach **Marmagen**. Neben dem Verkehrskreisel über den Zebrastreifen, ansteigen zur Bushaltestelle, dort links und Treppen hoch, über den „Eiffelplatz“, links in den „Keltenring“ und auf Weg 3. Den „Heideweg“ ansteigen und vollständig durchgehen, erst am „Finkenweg“ (nicht vorher!) links aus dem Ort und abwärts; am Waldrand nach rechts und durch ein Quelltal des **Schleifbaches**; von der folgenden Abzweigung rechts ein anderes Quelltal wieder aufwärts; an der nächsten Abzweigung links (Teich) über das Rinnsal; oberhalb einer Waldwiese sofort (!) nach rechts hoch; 300 m weiter senkt sich der Weg und er wird vom Waldaustritt an für 1,8 km stets geradeaus – mit Weitblick über das Urfttal – beibehalten, bald geteert.

Zum **Römischen Tempelbezirk „Görresburg“** einbiegen (Rastplatz). Hinter der Anlage und den **Matronenbildnissen** den steilen Hang hinunter. Unten nach rechts, über den Parkplatz, absteigend auch über die Bahn, sogleich links Treppen hinab, auch die Urft überqueren. Dahinter links wieder auf den **Eifelsteig**: Zurück nach **Nettersheim** vorbei am **Römerweiher**, am **Eifelhaus**, an den **Werkhäusern** und am **Kalkbrennofen**; dahinter links über die Bahngleise; vor der Urftbrücke rechts, auf dem Uferweg zum **Naturschutzzentrum Eifel** und am Flussufer bis zum Ausgangspunkt.

9. Blankenheim-Wald – Blankenheim

Vom Wacholderweg zur Ahrquelle

Ausgangspunkt: Bahnhof Blankenheim-Wald | **Bus/Bahn:** Eifelstrecke Köln–Trier. Busverbindungen: Zumeist Taxibus; Vorbestellung unter Tel. (01804) 151515 | **Charakter:** Feld- und Waldwanderung zur Ahrquelle und somit durch das Zentrum der Fremdenverkehrsgemeinde, die mit der größten Vielfalt an Wacholder- und Naturschutzgebieten und entsprechenden Landschaftsbildern der Kalkeifel aufwartet | **Einkehr:** In Blankenheim **Karte:** KOMPASS Nr. 836

Mittel | 19 km | 320 hm 320 hm | 5 Std.

Vor dem Bahnhof nach links auf den **Wacholderweg** (W; anfangs streckenweise auch andere Markierungen). Nach 800 m nicht über die Bahnbrücke, erst 600 m danach links (Rufschranke) über die Gleise; nach links durch ein Quellgebiet am ehemaligen **Zehnbachhaus** und im Wald ansteigen; auf dem **Dinkelberg** den Fahrweg rechts hoch, um **Gut Altenburg** bis vor die B 51; einige Schritte links, nach links in die Flur, nächste Abzweigung rechts, durch eine Senke und wieder bis zur B 51, die jetzt unterquert wird; vor dem Wald **Olbrück** rechts hoch zur K 70; links etwa 200 m Straße, in der Rechtskurve aber rechts auf dem Feldweg das **Naturschutzgebiet Seidenbachtal** hinab; vor dem Pumpwerk scharf links über den Talgrund und im Wald ansteigen zur K 69; diese 150 m abwärts, dann rechts hoch und zunächst dem Waldrand entlang, später im Wald nahe seinem Rand; von der untersten Waldecke hinunter ins **Nonnenbachtal**; auf der Feldstraße links nach **Schlemmershof**; die K 69 abwärts bis vor (!) die Brücke über den Nonnenbach.

Nach links nun auf den **Pilgerweg** (auch Weg 7). Hinter einer kleinen Brücke links den Fahrweg hinauf, auch durch die Rechtskurve und bis zur Schutzhütte. Den geteerten Querweg überschreiten und auf Weg 8 am **Russenkreuz** (auf einem vorzeitlichen Hügelgrab) vorbei durch eine Senke, und von einem Gehöft die Straße „Nonnenbacher Weg“ hinab nach **Blankenheim**. Rechts über die „Ahrstraße“, am Rathaus (Information) vorbei, links dahinter der jungen **Ahr** entgegen

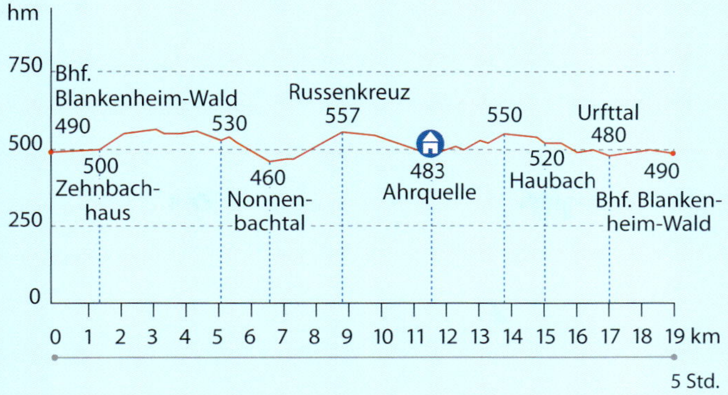

zum Kreismuseum und zur **Ahrquelle** in ihrer Brunnenstube.

Wenige Schritte zurück, links die Steintreppe hoch. Oben (rechts die Kirche) nach links durch das **Hirtentor** (1404), geradeaus und durch das **Georgstor** (1670). Hinter dem Kreisverkehr 80 m in die „Aachener Straße", dann rechts die **Sieben Fußfälle** hoch zur **Rokoko-Kapelle Hülchrath** (1764). Nach links auf der Zufahrt weiter. Unten rechts „In den Alzen" ansteigen, links „Dörfer Weg", und ab der Schule dem Gebüschbiotop über dem **Graben der einstigen Ahrtalbahn** folgen. Weiter ansteigen, am Panoramaweg durch die Senke und erneut hoch; zwischen Brücke und Hof Schossen über die Querstraße bis zur nächsten Teerstraße. Nach rechts diesen Weg 13 über die Hochfläche stets geradeaus; am Ende der Richtung rechts, die B 51 überqueren und ins **Haubachtal**; links Feldweg, an einem imposanten Steinbruch vorbei, und Rechtskurve bis über den **Stahlbuschseifen**.

Weiter auf dem **Eifeler Quellenpfad**, zugleich **Sonnenweg** (S). Den Fahrweg abwärts, über die nächste Brücke, nach wenigen Schritten rechts **Im Simonsseifen** durch das Naturschutzgebiet; mit dem folgenden Weg ins **Urfttal**, über den Bach und die Bahn; Querweg links 1,8 km talaufwärts zur B 258; diese 150 m links abwärts, vor der Brücke rechts zum Bahnhof.
Blankenheim → Seite 63.

Blankenheim Ahrquelle.

Rüth
Forsthaus Rüth
Lohr
Scherenberg
585
258
Schweißbruch
Marmagener Bach
Habesheck
572
Milzenhäuschen
Petersholz
Heidberg
540
Silber
Runderstein
542
Silberberg
Wisselbach
Wisselbach
Sm2
BR
Bf. Blankenheim Wald
START
587
Rechler-
busch
548
537
Danenbach
Wolwert
Sm1
Sm2,4
Klärteiche
559
Sm4
Schloss Schmidtheim
Schmidtheim
546
EQP
Freuenhof
560
577
578
Wachheckelchen
Gertrudenhof
569
Schidtheim
Archetsbach
Forst
516
495
Modell-
fluggelände
539
Küchelerheck
543
Josef-Schramm-Weg
Urfttalweg
Laufbach
Etzberg
Treisbach
531
B13
Lentges Mühle
Forsthaus Altenburg
Gut Altenburg
Dinkelberg
Motte Zehnbachhaus
561
E29
51
Urft
D1
Sm3
Heidbach

0 500 m

Der Wald
Mürel
Frohngauer Wald
Jammerbach
Wolfsseifen
Römerstraße
Nettersch
Gemeind
Mürel
Mülheimer Haus
Mülheim
Blankenheim
Sonnenweg
Josef-Schramm-Weg
Kirchenberg
Eifelmuseum
Ahrquelle
Burg
Finkenhof
Schul- und Sportzentrum
Binzen
holz
Rhein-Rureifel-Weg
Sittert
Hardt
Schillertsberg
Nußheck-hof
Froschberg
Russenkreuz
Geis-häuschen
Forellen-hof
Farm Auel
Schlemmershof
St. Brigida-Kapelle
Nonnenbach
Salchen
Am Brotpfad
Brotpfad
Heidbusch
Metternicher Hof
Busch
Cafe Maus
Hirzberg
Düwelsteen/Von Eichdorff-Felsen
Uterberg
Bellenberg
Ahr
Seidenbach
Wacholderweg

10. Blankenheim-Wald – Marmagen

Von der Burgenroute auf den Quellenpfad

Ausgangspunkt: Bahnhof Blankenheim-Wald. Alternative: Vom Parkplatz „Eiffelplatz" in Marmagen starten | **Bus/Bahn:** Eifelstrecke Köln–Trier. Bus von Kall, Schleiden, Marmagen und Blankenheim; zumeist Taxibus mit Vorbestellung unter Tel. (01804) 151515 | **Charakter:** Tageswanderung, geruhsam durch stille Wälder und nicht schwierig. Nur ein kurzer Steilanstieg | **Einkehr:** In Marmagen | **Karte:** KOMPASS Nr. 836

Mittel | 20 km | 410 hm 410 hm | 5 Std.

Dem Bahnhof gegenüber auf die **Burgenroute** (auch >): vom Kreisel das **Wisselbachtal** 3 km aufwärts, erst Pfad, dann fester Weg; 100 m vor der L 204 nach links, nächste Schneise rechts und über die Landstraße Richtung Paulushof am Parkplatz **Silberberg** vorbei; am Waldrand rechts und 1,3 km durch das beschauliche **Heidbachtal**; Waldstraße links hoch zur K 76, rechts nach **Paulushof**; am Bushalt rechts in die Flur, vor dem Schuppen links hinter Gebüsch, nächster Weg links zur Straße, gleich rechts auf den Weg und bald stärker bergab; unten kleine Brücke über den **Manscheider Bach**, auch „Krümmelbach" genannt.

Nach rechts sein Tal 650 m aufwärts, dann links eine Waldkerbe hinauf, in der Richtung 1,4 km bis zur B 258. Nach rechts vor dem **Forsthaus Rüth** vorbei, dahinter links und im **Gillesbachtal** 1,8 km abwärts. Vom unteren Waldende rechts über den Bach und um den **Tattenberg** steigen.

Den Teerweg gerade abwärts und ab hier nur noch dem **Quellenpfad** folgen: unten links über den **Marmagener Bach**, dahinter rechts gleich den steilen Bergpfad hoch und über den **Märtesberg**; die erreichte Straße „Zum Mertesberg" im Bogen abwärts und weiter durch **Marmagen**, zuletzt wieder ansteigend; die „Burgstraße" ganz hinauf, oben links „Kölner Straße" bis hinter die Kirche und vor den „Eiffelplatz"; rechts die „Buschgasse" vollständig aufwärts; oben leicht rechts in die Sackgasse „Cervusknopp" und am Wasserbehälter vorbei; über die Straße „Sittard" hinweg und in den Wald; nach etwa 100 m links versetzt und parallel zur bisherigen Richtung auf einen urigen Pfad; vom nächsten Waldstraßentreff nach schräg links der Hochleitung folgen; wenig hinter der höchsten Stelle von diesem Fahrweg links ab-

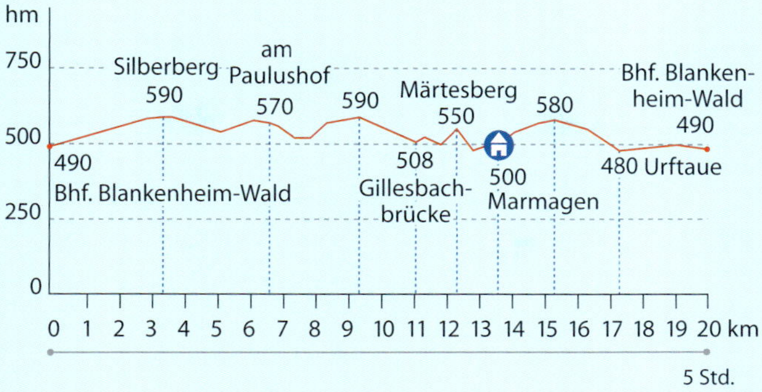

biegen; folgende Abzweigung nach rechts an der Rasthütte **Kücheler Heck** vorbei, breiter Waldweg auf 800 m; von einem Holzlagerplatz links der Schneise auf den Hochwaldpfad und in gleicher Richtung abwärts ins **Naturschutzgebiet Urftaue**; nach rechts auf dem **Urfttalweg** (U, auch Sonnenweg S) 1,8 km talaufwärts zur B 258; diese 150 m nach links, vor der Brücke rechts zum Bahnhof und Ausgangspunkt.

Burgenroute im Wisselbachtal.

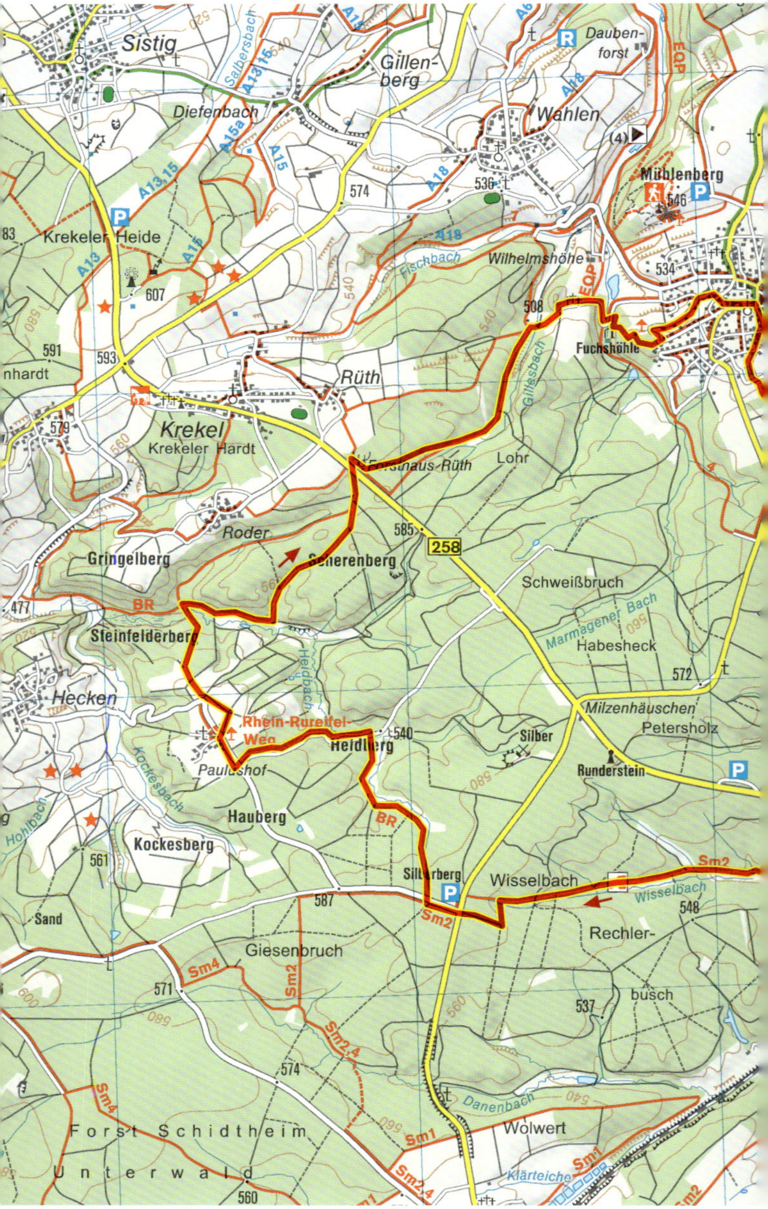
Sistig
Gillen-berg
Dauben-forst
Diefenbach
Wahlen
Mühlenberg
Krekeler Heide
Wilhelmshöhe
Fischbach
Fuchshöhle
Rüth
Krekel
Krekeler Hardt
Forsthaus Rüth
Lohr
Roder
Gringelberg
Scherenberg
Schweißbruch
Steinfelderberg
Marmagener Bach
Habesheck
Hecken
Milzenhäuschen
Petersholz
Rhein-Rureifel-Weg
Heidberg
Silber
Runderstein
Paulushof
Hauberg
Kockesberg
Silberberg
Wisselbach
Sand
Rechler-busch
Giesenbruch
Danenbach
Forst Schidtheim
Unterwald
Wolwert
Klärteiche
0 500 m

Nettersheim
Vogelsang
Jugend-gästehaus
Naturzentrum Eifel
Kalk-ofen
Wohnmobil-hafen
Pützberg
Hahnenberg
Enzenberg
Erlebnispfad
Römischer Tempel
Gallo-röm. Tempelbezirk Görresburg
Wellenberg
Marmagen
Römerbauten
Röm. Werkplatz "Steinrütsch"
Engelgau
Der Wald
Modell fluggelände
Küchelerheck
Josef-Schramm-Weg
Urfttalweg
Mürel
Frohng
Wolfsseifen
Laufbach
Etzberg
Häubach
Stahlbuschseifen
Treisbach
Küchenberg
Sonnenweg
Blankenheim
Josef-Schramm-Weg
Blankenheim Wald
START
Lentges Mühle
Eifelmuseum
Ahrquelle
Burg
Blanken-heimerdorf
Rhein-Rureifel-Weg
Forsthaus Altenburg
Gut Altenburg
Dinkelberg
Sittert
Nußbeck-hof
Hardt
Froschberg
Russenkreuz

11. Blankenheim – Brotpfad – Oberahreck – Ahrberge

Vom Eifelsteig auf den Ahrsteig

Ausgangspunkt: Rathaus, Bushaltestelle und Parkplätze (gebührenpflichtig) | **Bus/Bahn:** Vom Bahnhof Blankenheim-Wald (Eifelstrecke Köln–Trier) mit Taxibus; Vorbestellung unter Tel. (01804) 151515 | **Charakter:** Klassische Blankenheimer Rundwanderung durch die Bergwelt um die junge Ahr, mit Rucksack und Bergschuhen | **Einkehr:** Unterwegs keine | **Karte:** KOMPASS Nr. 836

Schwer | 15 km | 300 hm / 300 hm | 4 Std.

Oberhalb vom Rathaus über die „Ahrstraße" und nach links (Hotels) den „Nonnenbacher Weg" hinauf bis vor das Ortsende-Schild. Ab hier links auf den **Eifelsteig**. Durch eine Senke, am Waldrand von einer Abzweigung auf den **Schillertsberg**; über die Feldstraße und im Wald bergab, anfangs Pfad, dann Weg ins **Wallbachtal**; ganz unten rechts über diesen Bach, gleich links über den **Nonnenbach**. Nun rechts über die K 70 und im **Salchenbusch** auf dem **Brotpfad** kräftig bergauf zur **Schutzhütte am Brotpfad**; rechts davon wieder abwärts, bald durch ein Quelltal bis zu den Teichen im **Dreisbachtal** (Tafel).

Links dieses Tal abwärts ins **Schafbachtal**, links auch durch dieses Tal bis zur K 43. Auf Weg 6 rechts über den Bach, scharf links durch sein Tal. Nach Anstieg über die **Ahrbrücke** (auch **Ahrradweg**), vor **Birkenhof** rechts den Talgrund hinauf.

Von oben auf dem **Ahrsteig** zurück: links abwärts und um den Waldhang; bei **Reetzer Mühle** über die K 41, erst den Teerweg hoch, dann geradeaus im Wald, oben durch die Feldflur. Vom nächsten Waldrand (Kreuz) links wieder abwärts in ein Tal, gleich aber rechts erneut bergan; ab einer Bank links Trittstufen und durch die **Ahrberge**; die nächste Schlucht überqueren, um den Hang, Fahrweg abwärts, die Forststraße überqueren; nach 400 m (mit Ahrradweg, auch >) abwärts, durch den Bahnviadukt; links den **Mülheimer Bach** überqueren und vom Forellenhof talaufwärts; oberhalb Kläranlage Weg und Pfad im Waldhang neben der jungen **Ahr**, über Parkflächen zum **Schwanenweiher** und Ausgangspunkt.

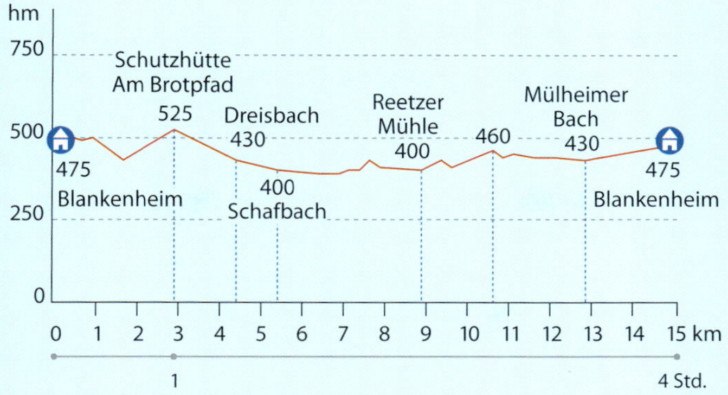

Blick über Blankenheim.

Blankenheim
Mülheim
Kirchenberg
Eifelmuseum
Burg
Finkenhof
START
Schul- und Sportzentrum
Binzen-
holz
Schäsberg
Gut Atzental
Mülheimer Mühle
Mülheimer Bach
Reetz
Burghaus
Reetzer Bach
Hardt
Schillertsberg
Nußheck-hof
Russenkreuz
Geis-häuschen
Farm Auel
Forellenhof
Reetzer Mühle
Heidehof
Birker Berg
Oberahreck
Sachen-
Am Brotpfad
Heidbusch
Metternicher Hof
Ahrhaus Russischer Hof
Brotpfad
Busch
Bellenberg
Wald
Hahnenberg
Hüngersdorf
Vellerhof
Am Stromberg
Hermann Josephs-Kapelle
Malheck
Ripsdorfer Mühle
Ripsdorf
Brothaus
Höneberg
Schaafbach
Sonnenweg
Ahrquelle
KOMPASS
0 500 m

✪ KOMPASS HIGHLIGHT

Blankenheim: Das vor allem durch die Ahrquelle, seine Burg, seinen historischen Ortskern und die großen Freizeiteinrichtungen bekannte Fremdenverkehrsstädtchen, heute Sitz einer ausgedehnten Landgemeinde, liegt in einem Gebiet ursprünglich keltischer Besiedlung. Der Name der Ahr, die als eine der stärksten Eifelquellen („Steinpütz" genannt) in einer 1726 in einer Scheune angelegten „Brunnenstube" zutage tritt, stammt von keltisch „ara" = Wasserlauf. Es handelt sich um eine Karstquelle der Kalkeifel mit einer Schüttung von etwa 12 l/sec. Die Herkunft des Namens Blankenheim ist ungesichert. Die Römer legten an ihrer Heerstraße von Trier nach Köln und Bonn (die nördlich verlief) Gutshöfe an, so auch beim heutigen Blankenheimerdorf eine „villa urbana" mit 75 Räumen. Später errichteten die Franken dort einen Königshof, der durch Schenkung vom 23.6.721 als „blancio" nachgewiesen ist. Um 898 soll ein Albinus (Blanke) hoch über der Ahrquelle – am Standort eines ehemaligen Römerkastells – ein festes Heim errichtet haben; er stammte aus dem Geschlecht von Are, dem ältesten Grafengeschlecht der Eifel. Als Gerhard I. von Blankenheim 1115 Gerhardstein (Gerolstein) und Casselburg (bei Pelm) auf dem Felssporn hoch über der Ahrquelle errichtete, entstand zu deren Füßen im „Thal" das heutige Blankenheim. Die Blankenheimer wurden bald zum mächtigsten Grafengeschlecht der Eifel und zu einem der einflussreichsten der ganzen Rheinlande. Schon im 13. Jh. entstanden durch Heirat Verbindungen mit dem Erzbistum Trier, dem deutschen Kaisertum und dem Königreich Böhmen, und bereits im 16. Jh. entstand das Blankenheimer Museum. 1794 floh Augusta, die letzte Gräfin, vor den anrückenden Revolutionstruppen nach Böhmen; sie nahm das umfangreiche gräfliche Archiv mit, das sich noch heute in Prag befindet und als Geschichtszeugnis von unschätzbarem Wert gilt. Info → Seite 12.

Lauschiges Schafbachtal.

12. Ripsdorf – Lampertsbach – Alendorf

In die Alendorfer Kalktriften

Ausgangspunkt: Parkplatz gegenüber Kirche in Ripsdorf
Bus/Bahn: Linie 833, Blankenheim-Waldorf; Taxibus nach Vorbestellung unter Tel. (01804) 151515 | **Charakter:** Landschaftlich reizvolle Rundwanderung durch ausgedehnte Naturschutzgebiete. Starker Anstieg am Kalvarienberg | **Einkehr:** Nur in Ripsdorf, unterwegs keine | **Karte:** KOMPASS Nr. 836

Mittel | 9 km | 200 hm / 200 hm | 2:30 Std.

Vom Parkplatz nach rechts durch die „Hauptstraße“ auf Weg 35: nach 180 m links die „Halfenstraße“ abwärts aus dem Ort; an der ersten Abzweigung rechts Richtung Lampertstal; vor dem **Kreuz Auf Bämel** (Bank) links abwärts, auch durch das **Reipstal** ins **Lam-**

Alendorf, Eifelsteig am Kalvarienberg.

KOMPASS INFO

Die Alendorfer Kalktriften und das in der Dollendorfer Kalkmulde gelegene Lampertstal sind Teile des Naturschutzgebietes Lampertstal in der Gemeinde Blankenheim, das mit 650 ha zu den größten Naturschutzgebieten des Landes Nordrhein-Westfalen zählt. Die Landschaft bezaubert vor allem durch ihre Wacholdersäulen, die 100 Jahre alt und bis zu 10 m hoch werden können, ferner durch 31 seltene Orchideen- und Enzianarten. Auffällig die sog. Verlierbäche mit zeit- und streckenweise unterirdischer Wasserführung durch Versickerungsstellen (Bachschwinde), Einsturzstellen und Schlucklöcher (Dolinen).

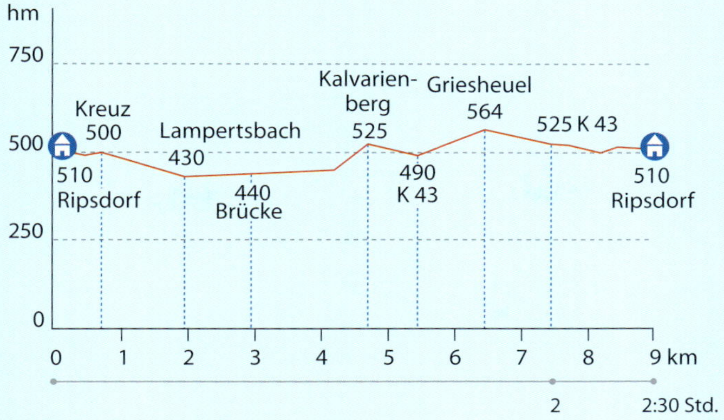

pertsbachtal. Nach rechts nun etwa 750 m talaufwärts gehen. In einem Abstecher zur anderen Talseite, aber nur bis auf die Bachbrücke, von deren Mauer ein **Schluckloch** zu erkennen ist: Lampertsbach und Wammesbach verschwinden in den Karstboden.

Wieder zurück zur nördlichen Talseite und jetzt nach links auf den **Eifelsteig**. 1,2 km im Lampertstal aufwärts; am Schild rechts (Rastplatz) steil hoch auf den **Kalvarienberg** mit **Eifel-Blick**; Abstieg auf dem **Stationenweg**; vom Teerweg leicht rechts, mit Gebüsch zur K 43; über den Parkplatz ansteigen und neben der alten **Wallfahrtskirche St. Agatha** in den **Ehrenfriedhof**; rechts auf den Weg und bergauf bis zum Teerweg im **Naturschutzgebiet Griesheuel**; rechts und bergab zur K 43, die nach links überquert wird, um rechts in einen Feldweg zu wechseln; vor Gebüsch links hinab, am Hofgebäude rechts, dann links hoch nach **Ripsdorf**; von der „Weierstraße" gleich links „Auf der Reusch", oben „Hauptstraße" rechts zurück zum Ausgangspunkt.

Eifelsteig zur alten Wallfahrtskirche St. Agatha.

Wachheckelchen
Archetsbach
Forst
516
Rippsdorf
517
Düwelsteen/
Von Eichdorff-
Felsen
569
Schidtheim
Römerstraße
543
Kalkstein
NSG
Heidenkopf I
590
537
469
Eichholzbach
503
Kopp
Eichholzbach
Eicholz
528
Motocross
St. Dionysus-
Kapelle
471
501
Kaucherbach
D2
D3
498
Mörlbach
554
NSG
Heidenkopf III
594
531
Hohfuß
R28
EQP
Heidenkopf II
588
Heiden-
kopf
Kirchenbusch
D2
584
Vierherrenstein
Leuteratherhof
568
(4)
J4
584
Reinertshof
Wassermühle
558
Staarenbusch
Leimental
Hahnenberg
Am Schwarzenpütz
E1
589
Mieshof
555
Eikeltal
467
528
Staatsforst
J3
J2,3
530
E2
545
Rabenberger Höfe
Witzenberg
521
547
Eschermühle
Affels Kreuz
Esch
479
Tannenhof
F3
Gladbach
Birbach
J2,4,5
F2,J7
Geisberg
561
F2,3,J7
F4
546
Glaadt
Stausee
565
J5
466
Kyll
Hillesheim
F1,3
580
Schlossruine
J5
Glaadter Burg
Tiergarten
Auf den Hülsen
Feusdorf
J12
Sängscheid
531
508
Jünkerath
557
Dominikus-
Savio-
Haus
J11,12
Auf Rött
518
NSG
Kreuzberg
(4)
0 500 m

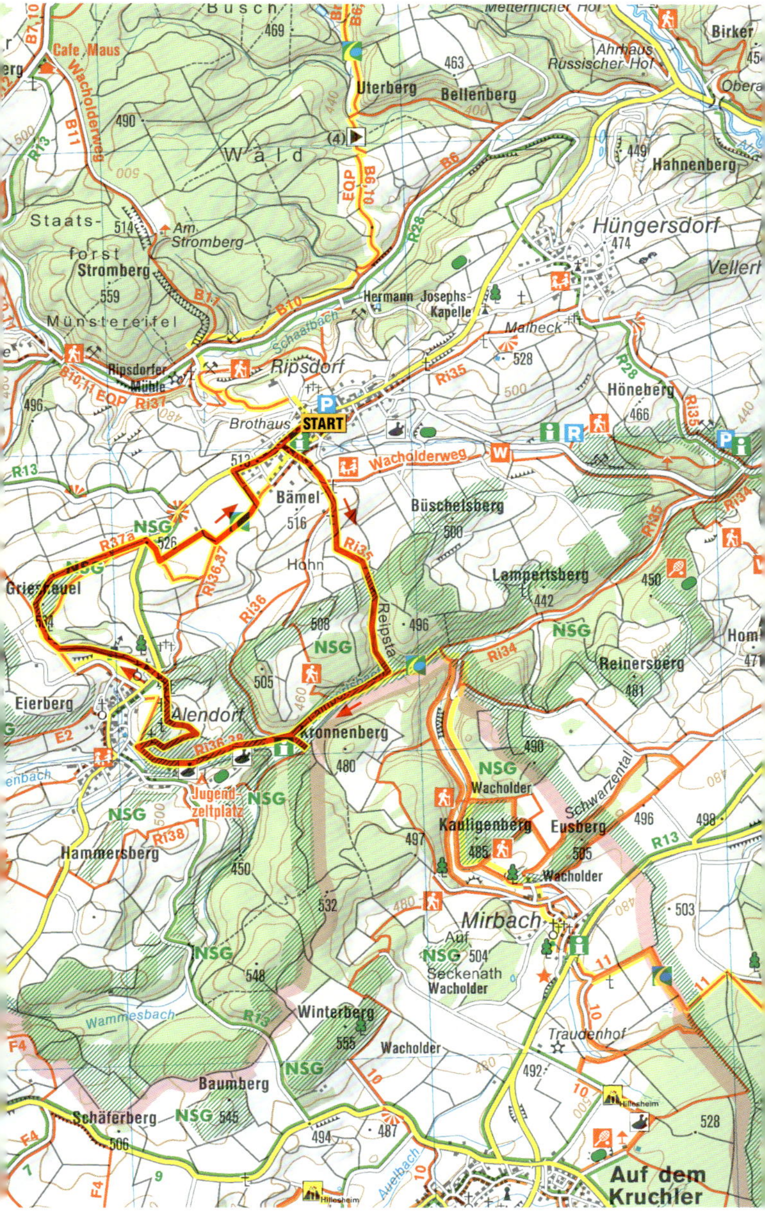
Busch
Cafe Maus
Wacholderweg
Uterberg
Bellenberg
Ahrhaus
Russischer Hof
Birker
Hahnenberg
Wald
Staats-
forst
Stromberg
Am Stromberg
Münstereifel
Hüngersdorf
Hermann Josephs-Kapelle
Malheck
Schaafbach
Ripsdorfer Mühle
Ripsdorf
Höneberg
Brothaus
START
Wacholderweg
Bämel
Büschelsberg
Lampertsberg
Hohn
Griesheuel
Reipsta
Reinersberg
Eierberg
Alendorf
Kronnenberg
Jugend-
zeltplatz
Hammersberg
Wacholder
Kauligenberg
Eusberg
Schwarzental
Wacholder
Mirbach
Auf Seckenath
Wacholder
Wammesbach
Winterberg
Wacholder
Traudenhof
Baumberg
Schäferberg
Auelbach
Hillesheim
Auf dem
Kruchler
NSG

13. Ahrhütte – Dollendorf – Mirbach – Lampertstal

Durch die Dollendorfer Kalkmulde

Ausgangspunkt: Parkplatz unter der Ahrtalbrücke der L 115 östlich Ahrhütte. Zufahrt von der B 258: in Ortsmitte mit der Straße „Am Hammerwerk" über die Ahr, links „Hüttenstraße" durch den Ort bis 50 m hinter Ortsende. Achtung: Diese Zufahrt ist zugleich der Ahrtalradweg! | **Charakter:** Tages-Rundwanderung auf Wegen und Pfaden, mit herrlichen Landblicken und durch wildverwachsene Landschaften. Wegen Grasbewuchs ist bei Taunässe ein Beinschutz zu empfehlen | **Einkehr:** Unterwegs keine | **Karte:** KOMPASS Nr. 836

Schwer | 17 km | 410 hm / 410 hm | 5 Std.

Oberhalb des Parkplatzes beginnt die Wanderung auf Weg 32. Rechts bis vor das Ortsschild **Ahrhütte**, links Richtung Mackental, doch sogleich rechts geteert den **Hüttenberg** hinauf; nahezu oben, aus der Linkskurve rechts den Feldweg abwärts, vor dem nächsten Gebüsch erneut rechts und hinab ins **Fuhrbachtal**; links talaufwärts, später an der anderen Bachseite und das **Bechertstal** hoch nach **Dollendorf**.

Geradeaus weiter (Im Benden), über die Verkehrsstraße (Lindenstraße) hinweg, hinter der Heckenreihe rechts (Wacholderweg). Die Querstraße links ansteigen, am Tennis-Clubhaus vorbei und bis zu den letzten Häusern von Dollendorf. Dort rechts in die Feldstraße (Weg 34), wo diese nach 600 m rechts kurvt, geradeaus auf dem Feldweg über die Anhöhe, dann neben dem **Naturschutzgebiet Eusberg** hinab nach **Mirbach**, von Tafel 38 rechts auf der unteren Straße. Nun auf den **Eifelsteig**: von der „Wacholderstraße" geradeaus und stets talwärts halten, weit unten von Tafel G 37 zu einem Fahrweg und hinab ins **NSG Lampertstal**; links über den **Mirbach** zum Rastplatz mit Wanderwegtafel, nach einigen Schritten zur anderen Talseite und etwa 200 m nach links. Dort auf Weg 35 nach rechts das **Reipstal** hinauf. Am oberen Waldende vor der Wiese (Achtung!) scharf rechts abbiegen und in den Wald steigen; dort auf dem Querweg links hoch, am Rand des **Haresbusch** über einem Orchideenbestand bis zu einer Feldstra-

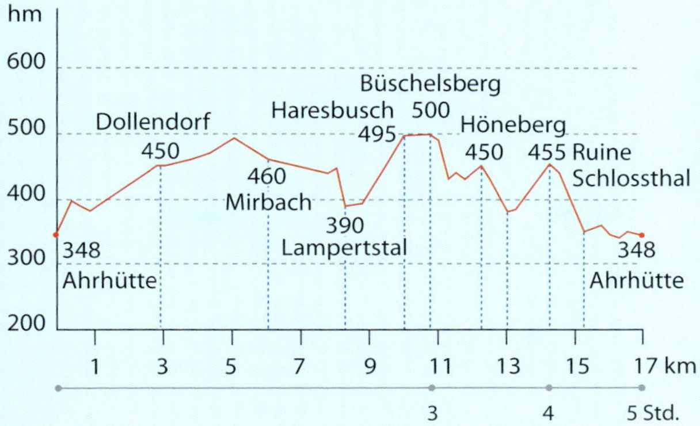

ße. Nur ein paar Schritte abwärts, dann nach rechts auf den **Wacholderweg** (W). Um den **Büschelsberg**; nächste Teerstraße ansteigen, am Schild links den steilen Feldweg hinab, unten rechts zur K 69; vom Rastplatz um den bewachsenen Berg steigen, dahinter durch ein kleines Wiesental; anschließend weitläufig durch die Kiefern-Wacholder-Wildnis auf dem **Höneberg**, zuletzt abwärts und im Tal auch die Straße hinab.

Unten mit der K 69 den Lampertsbach überqueren, nach links auf Weg 31. Etwa 250 m über dem Tal am Naturschutzschild rechts den Hangpfad hinauf; oben links zur **Burgruine Schlossthal**; unterhalb in den Ort **Schlossthal**. Nach rechts bis vor die Bushaltestelle, dort links, unterhalb um den Ort. Im Wald abwärts, ab der Spitzkehre rechts erneut ins Lampertstal. Neben der Brücke (einstige Ahrtalbahn) wieder ansteigen und auf dem **Ahrtalweg** (zugleich beschilderter **Ahrtalradweg**) zurück. Hinter der Feriensiedlung am alten Bahnhof vorbei und „Burgpützen" abwärts; die „Dollendorfer Straße" etwas hinauf, „Am Leychen" links hinab und über den Fuhrbach; mit der „Hüttenstraße" durch Ahrhütte zurück zum Ausgangspunkt.

Wacholderschutzgebiet Büschelsberg (© Erich Schell, Gemeinde Blankenheim).

KOMPASS

0 500 m

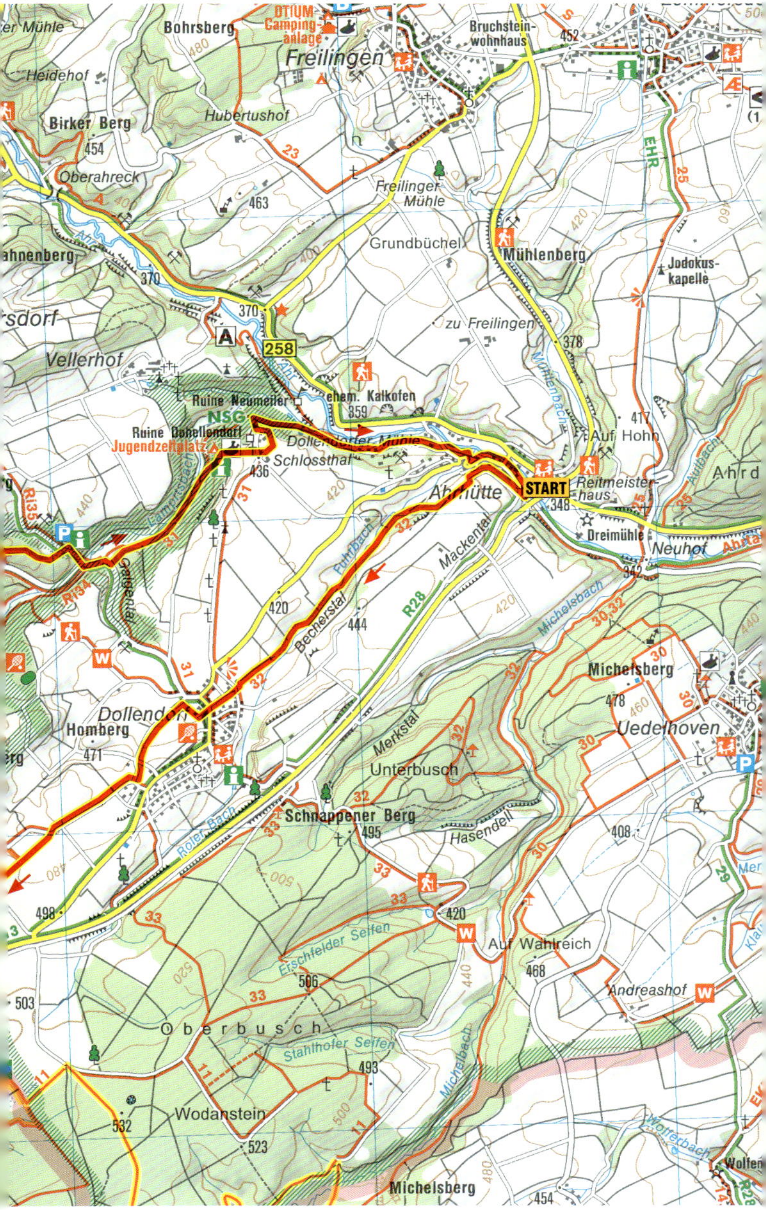
Bohrsberg
Camping-anlage
Freilingen
Bruchstein-wohnhaus
Heidehof
Birker Berg
Hubertushof
Oberahreck
Freilinger Mühle
Grundbüchel
Mühlenberg
Jodokus-kapelle
zu Freilingen
Vellerhof
Ruine Neumeier
ehem. Kalkofen
Ruine Dollendorf
Jugendzeltplatz
NSG
Dollendorfer Mühle
Schlossthal
Ahrhütte
START
Auf Hohn
Reitmeister-haus
Dreimühle
Neuhof
Mackental
Becherstal
Fuhrbach
Lammersbach
Gangental
Dollendorf
Homberg
Michelsberg
Uedelhoven
Merkstal
Unterbusch
Schnappener Berg
Hasendell
Roter Bach
Auf Wahlreich
Andreashof
Erschfelder Seifen
Oberbusch
Stahlhofer Seifen
Wodanstein
Michelsbach
Wolferbach
Michelsberg
Michelsbach
Mühlenbach
Ahr
258

14. Dahlem – über die Heidenköpfe

Zur Römerstraße im Forst Schmidtheim

Ausgangspunkt: Bahnhof Dahlem. Parkplatz im Rennpfad, gegenüber dem Bahnsteig für die Zugrichtung Köln | **Bus/Bahn:** DB-Eifelstrecke Köln–Trier | **Charakter:** Leichte Rundwanderung auf festen Wegen; nur am Anfang gibt es einen längeren Anstieg. Viele Rastbänke. Herrliche Landblicke und einsamer Wald **Einkehr:** Nur in Dahlem, unterwegs keine | **Karte:** KOMPASS Nr. 836

Leicht | 7,5 km | 110 hm / 110 hm | 2 Std.

Vom Ausgangspunkt den „Rennpfad" abwärts, wird ab der Bahnschranke Weg 2 gefolgt. Die „Escher Straße" aufwärts, auch am Margaretenhof vorbei; vom **Missionskreuz Heidenkopf** am Waldrand (Rastplatz, Eifelblick) geradeaus zum Wanderparkplatz am **Natur-Erlebniscamp**; dahinter links (Richtung Hochleitung) am **Heidenkopf II.** ansteigen; oben an der Wegekreuzung nach rechts; an der nächsten Abzweigung geradeaus und bald abwärts; auf dem Fahrweg im orchideenreichen **Gebiet Vierherrensein** nur 60 Schritte nach links zum **Matthiaskreuz** (Dülken).

Hier nach links (Schranke) auf Weg 3, der am Heidenkopf III mit Linkskurve ansteigt. Wo dieser Weg 3 wenig danach links abknickt, noch 2 km geradeaus auf dieser **Römerstraße** bleiben, auch über den **Heidenkopf I**, dann abwärts, vom **St.-Martin-Kreuz** (der Wallfahrer nach Barweiler) noch etwa 100 m. Nun scharf links auf Weg 2 abbiegen und nach 500 m zunehmend

KOMPASS INFO

Dahlem in der Kalkeifel, erstmals am 20.1.867 als „Dalaheim" (=Talheim) beurkundet, gehörte ab dem 14. Jh. zur Herrschaft Kronenburg. Der Ort, Sitz einer großen Landgemeinde, ist heute vor allem bekannt durch den Flugplatz Dahlemer Binz, die Trappistinnenabtei Maria Frieden und seine ausgedehnten Waldungen mit vielen Naturschutzgebieten.

Über die Höhen des Eichholz verlief zur Römerzeit die Heerstraße Trier–Köln, zu deren Sicherung auf dem Heidenkopf I eine Hochwarte stand; dort kreuzte die Römerstraße Maas–Neuwied.

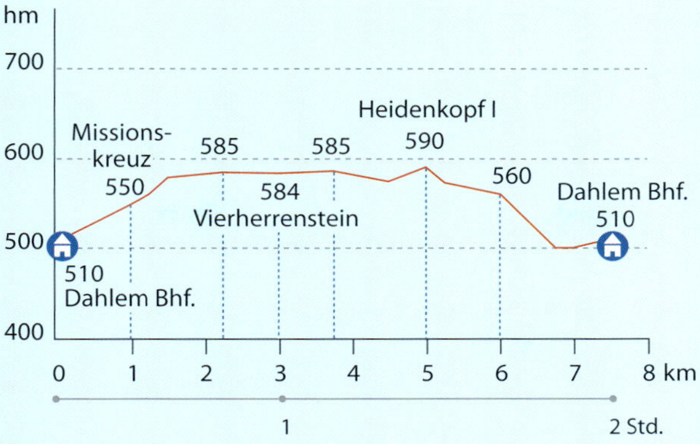

bergab, bis zur „Schulstraße" am Ortsrand von **Dahlem**. Links neben Nr. 62 auf der „Waldstraße" durch das **Morbachtal**, nach rechts und durch die „Uferstraße". Vor Haus Schieferstein rechts in den „Rennpfad" und zum Ausgangspunkt.

KOMPASS HIGHLIGHT

Durch die Eifel führen viele Wallfahrtswege. So kommen allein im Gebiet Vierherrenstein diese drei Wallfahrtswege zusammen:

- Von Blankenheim kommend der „Kölner Weg" der Jakobspilger nach Trier, der weiter durch Frankreich und zum Grab des Apostels in Santiago de Compostela führt (Spanien);
- ein Weg niederrheinischer Matthiasbruderschaften nach Trier zum einzigen Apostelgrab nördlich der Alpen;
- der Schmidtheimer Wallfahrtsweg zum bedeutenden Marienwallfahrtsort Barweiler in der Hocheifel.

Missionskreuz Heidenkopf mit Eifel-Blick.

Simmel
Auf Der Binz
Landeplatz
Dahlemer Binz
Birkenheck
Go-Kart-Bahn
Abtei Maria Frieden
Simmelerhof
Gunsebach
Bockerbach
Eipachhof
Lindenhof
Ehrend
Österdell
Buchenhof
Eichenhof
Känzert
Dahlem
NSG
Willibrodusweg
Pirensberg
Hardthof
Auf der Hardt
Erholungsheim St. Luder
Kalkstein
Leger
Am Leger
Ermberg
Baasem
dem Höchsten
Fuchskaul
Haus Gösgen
Haus Schröder
Hubertus
Baasemermühle
Kronenburg
Eifelhaus
Asberg
Hardthof
Kronenburg Baasem
ehem. Kalkofen
Hammerhütte
Heidenho
Kyll
Sinnert
Kockelsber
Kronenburgerhütte
Höhlenberg
Wenzelbach
Nieder
Kyllpark
Vulkamar
Leuwersberg
Stadtky
KOMPASS
0 500 m

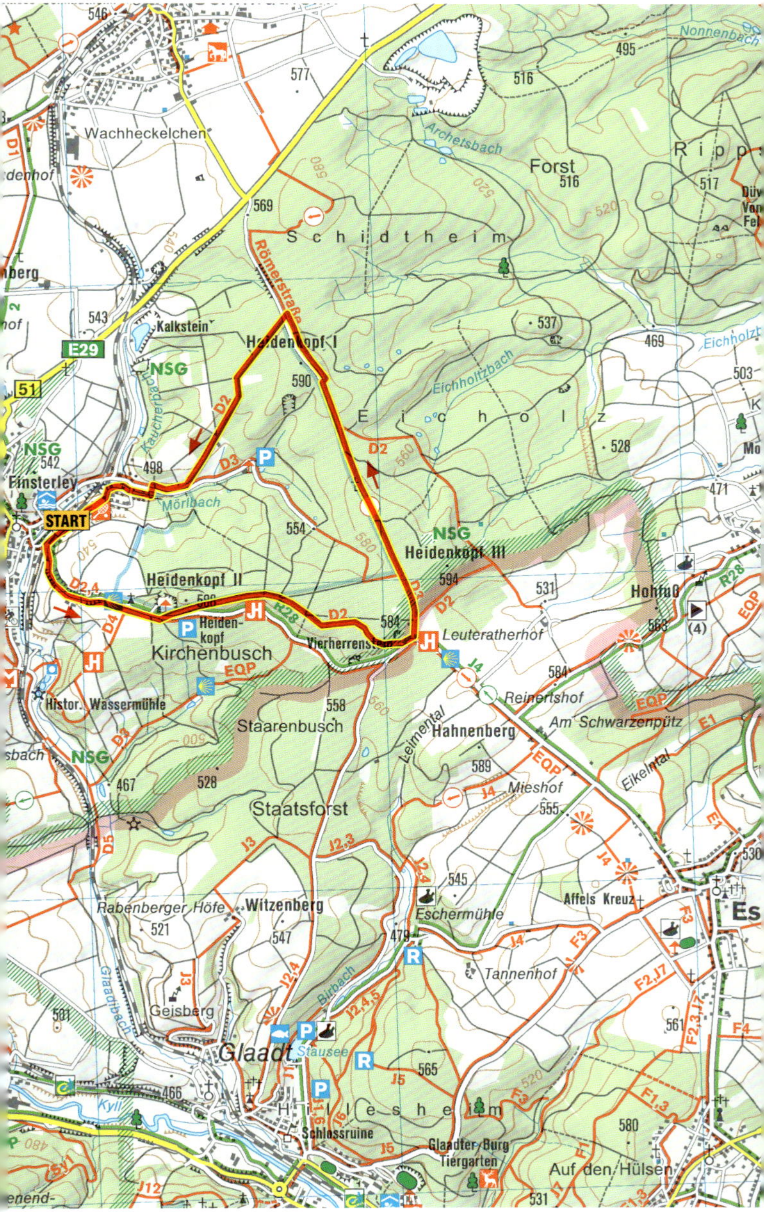

Wachheckelchen
Kalkstein
Heidenkopf I
Römerstraße
Schidtheim
Forst
Archetsbach
Nonnenbach
Eichholtzbach
Eichholz
NSG
E29
51
Finsterley
START
Mörlbach
Kaucherbach
Heidenkopf II
Heidenkopf III
Heiden-
kopf
Kirchenbusch
Vierherrenstein
Leuteratherhof
Reinertshof
Hohfuß
Am Schwarzenpütz
Eikeltal
Histor. Wassermühle
Staarenbusch
Leimental
Hahnenberg
Mieshof
Staatsforst
Affels Kreuz
Eschermühle
Rabenberger Höfe
Witzenberg
Tannenhof
Geisberg
Gladtbach
Birbach
Glaadt
Stausee
Kyll
Hillesheim
Schlossruine
Glaadter Burg
Tiergarten
Auf den Hülsen
D2
D3
D2,4
D4
D5
R28
EQP
J3
J4
J5
E1
F3

15. Durch den Dahlemer Wald

Über die Wasserscheide zwischen Rhein, Maas und Mosel

Ausgangspunkt: Wanderparkplatz „Zum Rehbach“ an der L 110 (Dahlem–Udenbreth), nahe Landeplatz Dahlemer Binz
Charakter: Wanderung auf zumeist festen Wegen durch schöne, einsame Naturlandschaften, zuletzt über die Quellgründe der Urft | **Einkehr:** Unterwegs keine | **Karte:** KOMPASS Nr. 836

Mittel | 14 km | 185 hm 185 hm | 3:30 Std.

Vom Parkplatz rechts neben der Straße abwärts und rechts in den Wald auf Weg Sm3. Gleich links ins **Röckersbachtal**; vor einer Wegekreuzung scharf links hoch, oben links zur **Trappistinnenabtei Maria Frieden**. Hinter dem Parkplatz rechts in den Feldweg, zum Waldrand und hinab ins **Simmeltal**.

Mooskreuz am Wiesbachteich.

Ab hier nur noch Weg D 6 folgen. Den Fahrweg talaufwärts, nach 800 m über den Röckersbach, 700 m weiter nach links (Straße) auf

KOMPASS INFO

Trappistinnenabtei Maria Frieden, einziges Kloster mit Zisterzienserinnen von der strengen Observanz (Schweigende Nonnen) Deutschlands. Der Name stammt von Mönchen aus La Trappe, die die Abtei Mariawald nach deren Auflösung unter Napoleon wiederbelebten. Die **Urft**, die der Wasserscheide am Wanderweg entquillt, wurde 1075 n. Chr. als „Urdefa“ erstmals beurkundet. Als Fluss beginnt sie im sog. Gräflichen Weiher bei Schmidtheim. Sie nimmt in Gemünd die Olef auf und bildet im Nationalpark Eifel die romantischste aller Eifeltalsperren.

Siehe auch KOMPASS-Wanderführer Nr. 5210 „Eifel, Nationalpark Eifel“.

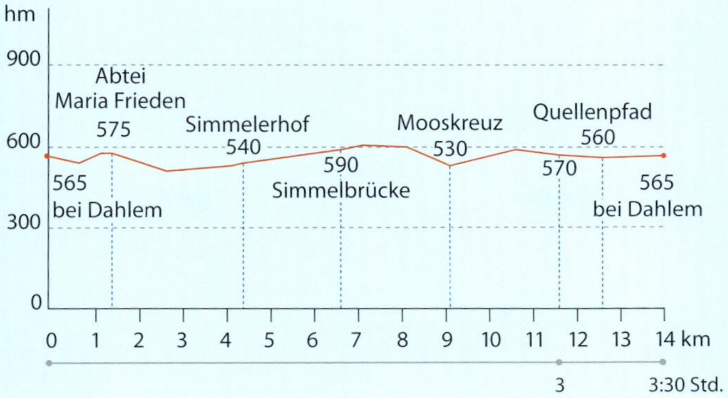

dem **Quellenpfad** zum Rastplatz und über den **Simmeler Bach**; dahinter nach rechts zum **Simmelerhof**; oberhalb in die rechte Allee und noch 2,2 km talaufwärts, auch über 2 Brücken. Von einer Kreuzung rechts herum über die Simmelbrücke und bergauf; über die L 110 und im **Dahlemer Wald** etwa 1 km ziemlich flach, von einer Abzweigung rechts hinab zum **Mooskreuz am Wiesbachteich**; nach links um den Teich und etwa 1,5 km ansteigen; in einen Querfahrweg nach links und über die Hochfläche, auch über Quelladern und zuletzt ein **Quellmoor der Urft**.

Auf der am Ende querenden Waldstraße, dem **Eifeler Quellenpfad**, nach rechts zurück zum Ausgangspunkt.

Abtei Maria Frieden.

Giescheid
Zehnstelle
Wolfert
Unter-
dalmerscheid
Ober-
Rescheid
Besucher-
bergwerk
Hochgewälds
Metzigeroder
Sender
Bärbelkreuz
Neuhaus
Bärbelkreuz
Schorrenberg
Laubeshöhe
Wald
Dahlemer
Baasemer Wald
Lichte Hardt
Kronenburger
Wald
Metzigerberg
Lewertsberg
Ditscheid
Metzigerberg
Ducksiefen
Asper
Baasemer B.
Berk
Höchst
Willibrordus-
weg
Hardthof
Auf der Hardt
Spalersborn
Frauenkorn
Simmelerh
Moos-
kreuz
Ehre
Erholungshe
St. Luder

0 500 m

Kohlberg
Sand
Wisselbach
Giesenbruch
Kammerwald
Forst Schidtheim
Unterwald
Danenbach
Wolwert
Rotbach
Klärteiche
Urft
Schloss Schmidtheim
Landeplatz
Auf Der Binz
START
Dahlemer Binz
Wachheckelchen
Gertrudenhof
Birken-heck
Go-Kart-Bahn
Hömberg
Abtei Maria Frieden
Michelshof
Kalkstein
Bockerbach
Simmel
Eipachhof
Lindenhof
NSG
E29
51
Finsterley
Kaucherbach
Mörlbach
Österdell
Buchenhof
Eichenhof
Dahlem
Känzert
Pirensberg
Heidenkopf II
Heiden-kopf
Histor. Wassermühle
Leger
Ermberg
Luttersbach

16. Um und durch Kronenburg

Kronenburger See und der Burgort

Ausgangspunkt: Dahlem-Kronenburg, Ortsteil Kronenburgerhütte im Kylltal, Parkplatz „Freizeitanlage" | **Bus/Bahn:** Verbindungen vom Bhf. Dahlem (Köln–Trier) und von Blankenheim **Charakter:** Tal- und Höhen-Rundwanderung auf Wegen, Pfaden und Treppen, leicht um den See, am Burgort auch starke Steigungen | **Einkehr:** Am See, im Ferienpark, oben in Kronenburg und in Kronenburgerhütte | **Karte:** KOMPASS Nr. 836

Mittel | 7,5 km | 200 hm / 200 hm | 2 Std.

Wanderung in einem besonders malerischen Gebiet der Kalkeifel. Von der Parkplatzzufahrt die **Kyll** überqueren, rechts halten und roten Pfeilen um alle Winkel folgen, zuletzt Treppen hoch und rechts auf Staudammhöhe des **Kronenburger Sees**. Geradeaus auf der Straße bis zu einer Schranke, dann blauen Pfeilen folgen. Rechts abwärts und dem See entlang; über die **Vorsperre** mit Fischtreppe und nach rechts erneut dem See entlang bis vor den Staudamm. Auf der Holzbrücke über die B 421 und zum **Ferienpark** hochsteigen. Nach rechts wieder den roten Pfeilen folgen: auf der Straße „Zum Kleebusch" vor der Gaststätte vorbei und hinab bis zur Rechtskurve; von dort geradeaus wieder 250 m ansteigen, dann rechts zur Grillhütte abbiegen, jedoch bereits hinter der Toilette rechts durch das Tal des **Klingensiefen** und den steilen Pfad hoch. Auf dem nächsten Querweg links herum zum Burgort **Kronenburg**, über den Parkplatz und durch das Stadttor in den **mittelalterlichen Burgbering**. Vor dem Mitteltor geht es rechts zur **Burgruine** hinauf; die Wanderung setzt sich indes links fort, die Treppen der „Wilhelm-Tell-Gasse" hinab. An dem großen Haus die „Burgstraße" nur überqueren und den Feldweg sanft aufwärts. Von der spä-

KOMPASS INFO

Kronenburg, malerisches Bergnest mit Toren und Burgbering. Von der Burgruine ein Rundum-Eifelblick, Kirche mit Zentralsäule und einer berühmten Pietà. Bedeutender Wander- und Fremdenverkehrsort.
Kronenburger See (1,9 Mio. m³), Stauung der Kyll und Taubkyll.
Doppelkalkofen, Teil des noch bis 1970 betriebenen Kalkwerks Brandenburg. Demonstration des Kalkbrennens vorgesehen.
→Dahlem (Seite 12 und 15)

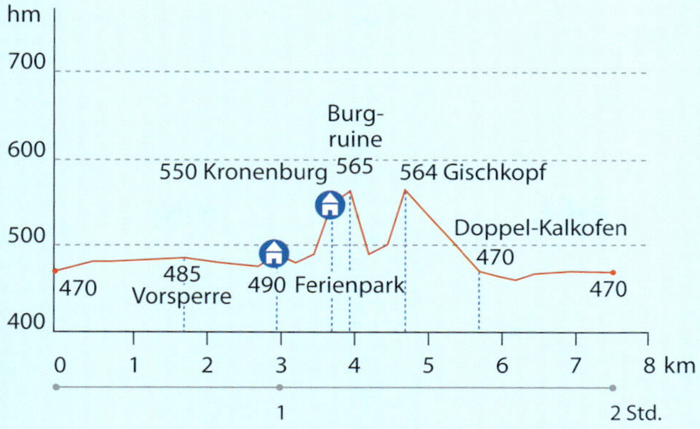

teren Verteerung ist rechts ein Abstecher auf den **Gischkopf** ratsam (Umsetzermast, Rastplätze, Eifelblick), bevor es auf dem Teerweg über die Höhe geht. Aus der Straßenkurve nach rechts abbiegen und diesem Teerweg abwärts folgen bis hinter ein Gebüsch. Dort in den Teerweg nach rechts, bald an der **Jugendbegegnungsstätte** vorbei und bergab zur B 421. Auf deren Rand rechts zum alten **Doppel-Kalkofen**.

Direkt danach die B 421 überschreiten und nach rechts (!) auf den **Kyllweg** (K und roter Pfeil). Vor dem Tor rechts auf den Hangpfad wechseln, später Weg; nach 600 m die Kyll überqueren und weiter nach **Kronenburgerhütte**; über die Steinbrücke, hinter der **St.-Brigida-Kapelle** (Geschichtstafel) nach links „Auf dem Plan"; „Neuer Weg" links bis vor die Kyll, und nach rechts zurück zum Ausgangspunkt.

Bergnest Kronenburg.

Metzigerberg
617
605
Ditscheid
Lewertsberg
625
Ducksiefen
536
Dermbach
Metzigerberg
596
EQP
Ehrend
594
Gunsebach
KB6
Bk2
578
Asper
Krombach
Baasemer B.
Berk
Bk1
581
Höchst
575
Bk3
591
Willibrodus-
weg
Hardthof
Auf der Hardt
Erholungsheim
St. Luder
611
Spalersborn
595
Frauenkorn
Höhenberg
600
KB2
KB1
504
493
Kaulenberg
582
Steinebrück
611
Auf dem Höchsten
Baasem
KB5
KB4
Arenberg
Ohmbach
Kronenburg
421
Bremelichenberg
549
498
520
Gönsbach
Kronenburger See
(484)
START
ehem. Kalkofen
Sinnert
Kronenburgerhütte
KB10,11
KB11
H2,3
KB9
KB8
537
505
Hallschlag
Steinert
639
567
Hönerseifen
KB9,10
Leuwersberg
591
643
Steinert
636
Matthiaskreuz
H2
631
KB10
Flachseifen
582
568
Taubkyll
Lichtenberg
(6)
(5)
Neuert
612
Boosenbach
Dürbach
RP
563
Zung
Rantenbach
Auf der Hardt
(5,6)
Goldberg
649
621
604
Windenergie-
anlage
611
Kläranlage
Essenbach
588
Walenstraße
Ormont
536
O2,3,4
Weinstraße
530
Forst

0 500 m

Dahlem
Finsterley
Lindenhof
Eipachhof
Buchenhof
Eichenhof
Pirensberg
Kalkstein
Leger
Ermberg
Am Leger
Fuchskaul
Luttersbach
Haus Gösgen
Haus Schröder
Hubertushof
Asberg
Hardthof
Heidenhof
Hammerhütte
Kockelsberg
Niederkyll
Wenzelbach
Höhlenberg
Kyllpark
Vulkamar
Stadtkyll
Wochenend-
häuser
Sängscheid
Dominikus-
Savia-
Haus
Hasenberg
Stausee
Jugend-
feriendorf
Landal-
Green-
Parks
Freizeitzentrum
Wirftttal
Arenbergisches
Forsthaus
Auf Zimmers
Kalkerheck
Taubenheld
Steinbüchel
Heidenkopf II
Heiden-
kopf
Kirchenbusch
Histor. Wassermühle
Staarenbu
Staatsf
Rabenberger Höfe
Witzenber
Geisberg
Glaadt
Gladbach
Kyll
Mörlbach
Kaucherbach
Simmel
Heidenkop
NSG
E29
51
421

17. Zwischen Uedelhoven und Ahtal

Dollendorfer und Hillesheimer Kalkmulden

Ausgangspunkt: Uedelhoven, Parkplatz untere Üxheimer Straße, nahe Einfahrt von der K 46 | **Charakter:** Rundwanderung auf festen, teilweise auch geteerten Wegen, mit grandiosen Landblicken, ab Michelsberg in die Hocheifel, hinter Andreashof über das Ahrtal und auf den Aremberg | **Einkehr:** Nur in Uedelhoven, unterwegs keine | **Karte:** KOMPASS Nr. 836

Leicht | 8,5 km | 170 hm 170 hm | 2 Std.

Vom Parkplatz die „Üxheimer Straße" ortseinwärts. Über die „Kreuzstraße" auf Weg 30. Links neben der Kirche ansteigen, über den Friedhof; geradeaus „Marienweg", anschließend „Auf Klöckersfeld" hinauf; oben „Kiefernhain" links und von der Straße neben Gebüsch bergauf; den Teerweg rechts hoch am Kapellchen vorbei und auf den **Michelsberg**; im Waldwinkel links, vom Fernmeldemast noch 100 m, dann links bergab; am Wasserbehälter nach rechts, und wenig später im Linksbogen hinab in die Feldflur; von der Wegekreuzung rechts, am Wald erneut ein Linksknick; auf dem querenden Teerweg 900 m nach rechts.

Bevor sich die Straße stark senkt, links auf den **Wacholderweg (W)**. An der Uedelhovener Hütte vorbei in ein Wäldchen, danach Waldrand; vom Linksknick rechts im Wald hochsteigen; oben rechts **(Auf**

KOMPASS INFO

Uedelhoven, zwischen Ahrdorf und Dollendorf hoch über dem Ahrtal gelegen, entstand auf römischem Siedlungsgelände und wurde 1136 n. Chr. erstmals beurkundet. Im Übergang zur Hillesheimer Kalkeifel wird die Fruchtbarkeit und daraus folgend die intensive landwirtschaftliche Nutzung der kalkhaltigen Böden erkennbar.
Wacholderweg, ein Regionalwanderweg der Gemeinde Blankenheim vom Bahnhof Blankenheim-Wald bis nach Ahrdorf (24 km, Markierung „W"). Er richtet den Blick auf den immergrünen Strauch, diesen „Adeligen des grünen Reiches", der vom Verbiss der Schafe und Ziegen verschont blieb und somit vom uralten Bewuchs der hohen Kalkeifel zeugt.
Im **Klausbachtal** Kalkbodenflora mit Orchideenarten.

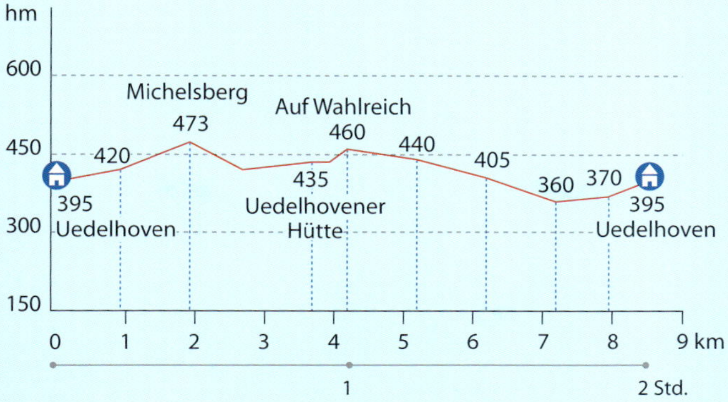

Wahlreich), gleich aber links bergab; mit der Kreisstraße 250 m links, aus der Kurve rechts hinab und erneut rechts zum **Andreashof**; zwischen die Gebäude, links die Allee hinauf zum Waldrand und links Panoramastrecke bis Querweg; diesen Teerweg abwärts, fast unten jedoch nach rechts abbiegen und das romantische **Klausbachtal** etwa 900 m hinab.

Über die nächste Brücke, wenige Meter leicht bergan auf Weg 29. Scharf links bergauf; auf halber Höhe (hinter dem Weidegelände) nach rechts über den **Menzinger Bach**; nach einer Linkskurve weiter bergan bis zur Feldstraße, diese nach rechts hoch zur K 46 und auf der anderen Straßenseite zum Ausgangspunkt zurück.

Kalkmagerrasen mit Orchideen.

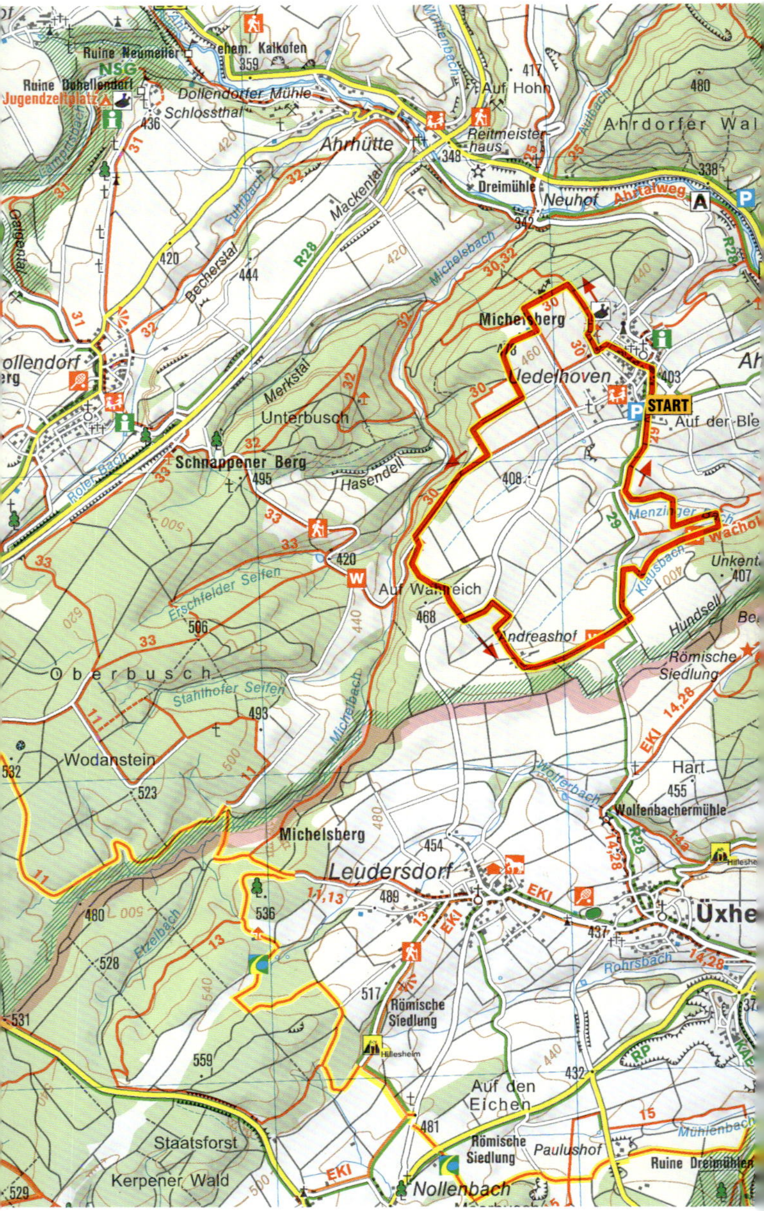
Ruine Neuweiler
ehem. Kalkofen
359
NSG
Ruine Dollendorf
Jugendzeltplatz
Dollendorfer Mühle
Schlossthal
436
417
Auf Hohn
480
Ahrdorfer Wal
Ahrhütte
Reitmeisterhaus
348
Dreimühle
Neuhof
Ahrtalweg
338
342
Mackental
Fuhrbach
420
Becherstal
444
R28
Michelsbach
Michelsberg
Uedelhoven
START
403
Auf der Ble
ollendorf
Merkstal
Unterbusch
Schnappener Berg
495
Hasendell
408
Menzinger Bach
Wachol
Unkent
407
Klausbach
Roter Bach
Erschfelder Seifen
420
W
Auf Wahlreich
468
506
Andreashof
Hundsell
Römische Siedlung
Oberbusch
Stahlhofer Seifen
493
Michelbach
EKI 14,28
Wodanstein
532
523
Hart
455
Wolferbach
Wolfenbachermühle
Michelsberg
454
Leudersdorf
489
11,13
EKI
Üxhe
480
536
Etzelbach
437
Rohrsbach
14,28
528
517
Römische Siedlung
531
Hillesheim
559
432
Auf den Eichen
481
15
Mühlenbach
Staatsforst
Römische Siedlung
Paulushof
Ruine Dreimühlen
Kerpener Wald
EKI
Nollenbach
529

0 500 m

Heidhöfe
Wald
421
Honnerseifen
396
Röllgesdell
Jagdhäuser
415
328
380
Ahr
Müsch
298
409
308
Stahlhütte
Ahrtalweg
388
Fischteiche
Öhlsberg
398
406
Dorsel
AHR
258
Bächerseifen
Affenbach
434
Auf der Steinkaul
315
Dorselermühle
Hoffeld
Jakobsmühle
Burgkopf
Düngerlei
Basalt
387
393
325
479
KAE
Ahbach
RP
Waldhof
391
402
333
413
440
Mordhügel
Ruine Neublankenheim
406
Taufenseifen
404
355
Hammer Mühle
Trierscheid
435
459
Nohnner Bach
365
Trierbach
Huppich
433
461
Dankerath
425
Ahütte
470
447
429
458
506
Nohn
Suhrbusch
505
Senscheid
Hollersseifen
584
Hillesheim

18. Leudersdorf – Ahtal – Üxheim

Von den Höhen zum Dreimühlen-Wasserfall

Ausgangspunkt: Parkplatz am Bürgerhaus | **Bus:** Von Hillesheim **Charakter:** Abwechslungsreiche Wanderung über die Hochflächen und durch Täler, mit Abstecher zum interessantesten Wasserfall der Eifel. Die Tour wird von den großen Kalksteinbrüchen und -werken bei Ahütte kaum beeinträchtigt | **Einkehr:** Unterwegs keine | **Karte:** KOMPASS Nr. 836

Mittel | 12 km | 180 hm 180 hm | 3 Std.

Vom Ausgangspunkt links durch die „Kapellenstraße", links „Schützenstraße". Links „Auf der Hell" ansteigend aus dem Ort; an der Gabelung links vor dem Wäldchen vorbei zur Höhe **Auf der Held**, Geo-Punkt 13 mit Panoramablick, danach abwärts.

Im Wald vor einer Senke auf den **Eifelsteig**: links hinab, zwischen Wiesen rechts dem Zaun entlang; nächster Feldweg links; vor der K 69 rechts um das Gebüsch, dann über diese Straße; auch über die L 10, im Wald nach links und 400 m geradeaus zum **Meerbusch**; vom Rettungspunkt mit Weg 15 nach links, bald auch über die Zufahrt zum Kalksteinbruch hinweg; am Waldende nach links, 120 m weiter links den Pfad abwärts, aber noch vor dem Talgrund wieder rechts und zur K 74 vor **Paulushof**; Straße links, hinter dem Grund rechts das **Mühlenbachtal** abwärts, später rechte Talseite; unten den **Kalkeifel-Radweg** überqueren und als Abstecher rechts 700 m durch das **Ahbachtal** zum **Dreimühlen-Wasserfall**.

Auf dem gleichen Weg (Eifelsteig) wieder zur genannten Brücke zu-

KOMPASS INFO

Leudersdorf, Höhenort in einem bereits zur Jungsteinzeit besiedelten Gebiet, aus der Römerzeit durch ein Landhaus mit 41 Räumen nachgewiesen, 1363 als „Liuthresthorf" erstmals beurkundet, zählt wie der Gemeindeort Üxheim zur Hillesheimer Kalkeifel.
Dreimühlenwasserfall → Tour 19.
Die Bronzeplastik St. Martin schuf der berühmte Bildhauer Ulrich Henn, der in Leudersdorf sein Atelier hatte, im Jahre 2005.
Weitere Wanderungen im Hillesheimer Land → KOMPASS-Wanderführer „Vulkaneifel".

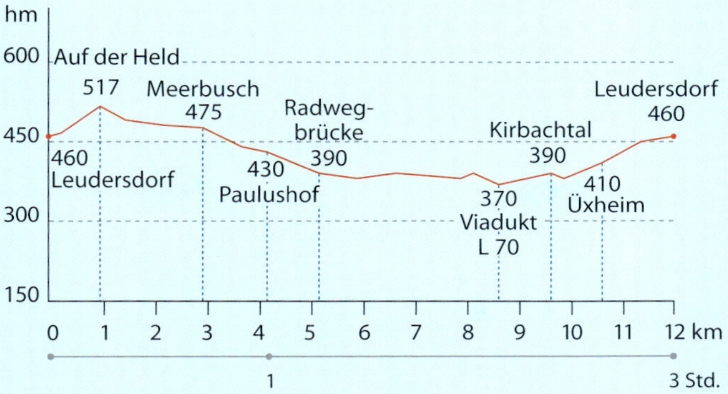

rück und nun auf den **Hauptwanderweg 3** (▶): vom Schilderstock abwärts, nach 250 m mit dem Radweg das Ahtal überqueren; vom Radweg abweichend auch über die nächste Brücke, ein wenig steigen, dann links und durch den Talrand um **Ahütte** bis zur L 10; deren Rand ansteigen, oberhalb Ortsende links „Zur Hammermühle" abwärts; unten Richtung Kläranlage nochmals über den Ahbach, nach rechts die L 70 unterqueren, die Straße mit Rechtsbiegung ansteigen, aus der Spitzkehre aber links in den Weg, das **Kirbachtal** aufwärts.

Nach 600 m geteert in bisheriger Richtung weiter, bald zur anderen Talseite und noch bis zur engen Linkskurve (vor Steinen) ansteigen. Dort nach rechts und hoch nach **Üxheim**. Über die querende „Heerstraße" und „Am Bach" hinauf nach **Leudersdorf**. Über die K 69 links „Birkenweg", nächstens rechts „Dauner Straße", oben rechts, dann nach links zum Ausgangspunkt.

Leudersdorf, Bronzeplastik St. Martin.

Uedelhoven
Auf der Bleek
Unterbusch
Schnappener Berg
Hasendell
Freiendorf
Menzinger Bach
Wacholderweg
Unkental
Klausbach
Auf Wahlreich
Erschfelder Seifen
Andreashof
Beuerhof
Hundsell
Ruine Neu
Römische Siedlung
Stahlhofer Seifen
Michelbach
Wolferbach
Hart
Wolfenbachermühle
Michelsberg
Leudersdorf
START
Üxheim
Ahütte
Rohrsbach
Römische Siedlung
Auf den Eichen
Staatsforst
Römische Siedlung
Paulushof
Ruine Dreimühlen
Mühlenbach
Nollenbach
Meerbusch
Köll
Flesten
Drei-
NSG
müllerwald
Ahbach
Nohner
Rudersbach
Bernardyshof
Höhenberg
Wacholder
Auf den Bänken
Wochenend-
-häuser
Fohnhof
ehem. Kalk
Freizeitanlage
Fritz-v.-Wille-Grab
Rodert
Staatsforst
Niederehe
Kerpen
(Eifel)
Betterberg
Eichenhof
Koberg
Felschbach
Hillesheim
Wacholder
Natur
schutz-
Wagenerhof
Marienhof

0 500 m

Hoffeld
Kirmutscheid
Burgkopf
Basalt
Düngerlei
Waldhof
Mordhügel
Kirmutscheidermühle
Haus Hoppe
Steinvächerhof
Kirchhardt
Pomster
Taufenseifen
Trierscheid
Nohnner Bach
Trierbach
Huppich
Dankerath
Senscheid
Nohn
Suhrbusch
Hollersseifen
Dreymüllerhof
Willesperberg
Nohner Bach
Borler
Bückel
Mineralquelle
Im Birk
Staatsforst
Hayerbusch
Wüstung Hof Heyer
Heierhütte
Heyerberg
Heyer-Kapelle
Hillesheim

19. Niederehe – Dreimühlen-Wasserfall – Kerpen – Loogh

Zu den schönsten Wanderzielen in der Hillesheimer Kalkeifel

Ausgangspunkt: Parkplatz im Klosterhof an der Loogher Straße **Bus/Bahn:** Von den Bahnhöfen Jünkerath und Gerolstein (Köln–Trier) | **Charakter:** Wanderung zum spektakulärsten Wasserfall der Eifel, durch weite Natur- und Wacholderschutzgebiete sowie zur Burg Kerpen. Vor allem am Hönselberg grandiose Landblicke, auch auf die höchsten Eifelberge. Fotomotive! | **Einkehr:** In Kerpen und Niederehe | **Karte:** KOMPASS Nr. 836

Mittel | 14,5 km | 330 hm / 330 hm | 4 Std.

Von der Parkplatzzufahrt die Straße abwärts auf den **Eifelsteig**: über den **Niedereher Bach** und die Querstraße, dahinter gleich rechts auf den ehemaligen Bahndamm, verlängert auf den **Kalkeifel-Radweg** mit Rand-Fußpfad und stets Richtung Wasserfall weiter; von der Abzweigung vor dem **Ahbach** links etwas hoch, wieder rechts und später auch am Bahnviadukt vorbei; vor dem offenen Überlauf rechts absteigen zum **Dreimühlen-Wasserfall** (Geo-Punkt 18). Davor und neben dem Ahbach über den Steg und auf dem Talweg bleiben, der zuletzt von selbst hochschwenkt; oben vor dem Radweg rechts auf dem Feldweg bis zur Brücke.

Über den Radweg und sofort links auf Weg 15. In das **Naturschutzgebiet**; hinter der eingezäunten (Wasserfall-) Quelle im **Dreimüllerwald** bergauf; am oberen Waldrand nach rechts, hinter der Schutzhütte scharf rechts abbiegen und am Waldrand bleibend zur K 74; an der anderen Straßenseite „Auf der Lay“ nach 40 Schritten rechts und in den linken von 2 Wegen, durch ein Wacholdergebiet **Auf den Bänken** und etwa 1,5 km geradeaus; hinter der Zufahrt zu einem Steinbruch (zur Linken) im Meerbusch nach links ins **Nollenbachtal**; von einer Abzweigung geradeaus erst ein wenig steigen, danach links über den Bach und geraden Weges 1 km am **Höhenberg** hoch.

Unweit hinter der höchsten Wegstelle von einer Gabelung nach links bis ganz nach oben steigen.

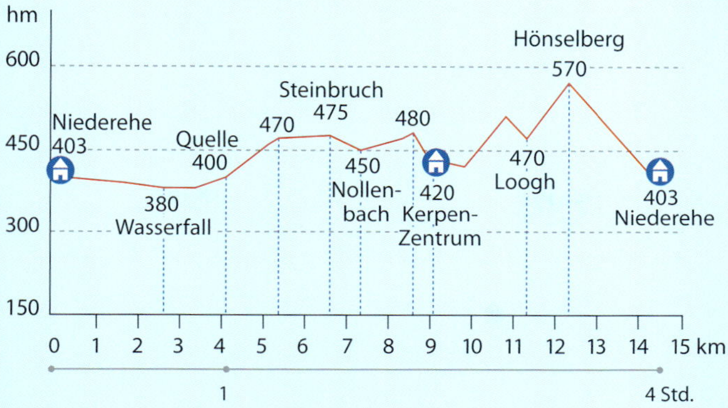

Ab dort nur noch Weg 21 folgen: rechts zum Grab des berühmten **Eifelmalers Fritz von Wille**, durch eine Wiese hinab zum Aussichtspunkt vor **Burg Kerpen**; Tritte abwärts, rechts bis vor das Burgtor, links absteigen; rechts unter der Burgmauer zu einem Rastplatz mit den wohl lehrreichsten **Schautafeln der Kalkeifel**; unterhalb von der Kapelle links treppab ins Ortsinnere von **Kerpen**; von „Im Kapelleneck" leicht links die „Fritz-von-Wille-Straße" bergan, oben links, am Denkmal des Malers geradeaus über Verkehrsstraßen; an der linken Häuserzeile danach durch die „Bahnhofstraße"; nach kurzem Abstieg links „Loogher Straße" hinab ins **Felschbachtal**; hinter der Brücke rechts K 74 bis hinter den Waldrand, dort links bergauf, erst Feld (links Waldrand) dann im Wald und rechts ganz hoch (oben links das **Felschbachkreuz**); wieder bergab und in **Loogh** links halten, von „An der Lay" in die „Kapellenstraße"; hinter der **Kapelle mit den 14 Nothelfern** rechts hoch, links „Auf der Steip" zum Ortsrand; vor einem kleinen Kreuz rechts und in das bewaldete **Naturschutzgebiet Hönselberg**

Der Dreimühlen-Wasserfall.

Hart
455
Wolfenbachermühle
Wolferbach
Michelsberg
Leudersdorf
454
489
536
EKI
437
Üxheim
Kirbach
Ahütte
Rohrsbach
517
Römische Siedlung
559
378
Auf den Eichen
432
481
Römische Siedlung
Paulushof
Mühlenbach
Ruine Dreimühle
447
Staatsforst
Nollenbach
Meerbusch
372
Köll
506
Flesten
473
460
458
Drei
NSG
müllerwald
Nohner Mü
Wacholder
Rudersbach
Bernardyshof
Höhenberg
Auf den Bänken
Wochenend-häuser
Fohnhof
ehem. Kalkofe
511
485
429
Freizeitanlage
403
421
START
Niederehe
Fritz-v.-Wille-Grab
Rodert Staatsforst
Kerpen (Eifel)
Eichenhof
Betterberg
520
466
Koberg
482
Feischbach
Wacholde
Natur
Hillesheim
521
schutz
Hönsberg
Wagenerhof
Marienhof
Loogh
Zapechlei
470
570
gebiet
486
Schmitzbach
558
Looghermühle
Hillesheim
Büchen-büsch
568
Kälberheck
Arensberg
Ahbach
488
Stroheich
513
Oberehermü
Walsdorf
518
461
Oberehe
KAE
RP
(3)
(14)

0 500 m

KOMPASS INFO

Niederehe, mit einem 1175 von den Herren von Kerpen gestifteten Kloster. Im rechten Seitenschiff der sehenswerten Kirche das Hochgrab des Kerpener Grafen Philipp von der Mark und seiner Gemahlin Katharina von Manderscheid-Schleiden aus schwarzem belgischem Marmor; beide verteidigten um 1600 den katholischen Glauben.

Kerpen, mehrfach ausgezeichneter, anheimelnd gestalteter Ort, überragt von der mächtigen Burg (ab 12. Jh.). Nach Zerstörungen kaufte 1911 der berühmte Eifelmaler Prof. Fritz von Wille (1860–1941) die Burg und richtete dort sein Atelier ein. Er ist in einem Mausoleum im Burggarten beigesetzt, woran am Weg eine steinerne Stele erinnert. Heute Landschulheim und nicht zu besichtigen. Unterhalb die schöne Schlosskapelle (16. Jh.). Am Rastplatz darüber höchst informative Tafeln zur Erdgeschichte der Kalkeifel.

Dreimühlenwasserfall: Name von einem bereits 1200 n. Chr. erwähnten Herrschaftssitz „Drimuleim". Für den Bau der Bahn Ahrdorf–Hillesheim wurden 1912 drei starke Quellen aus dem mit Dolomitfelsen durchsetzten Dreimüllerwald zu einer Rinne zusammengeführt und zum Ahbach geleitet. Der hohe Kalkgehalt von etwa 4% setzte sich ab dem Talrand als Felsbank (Travertin) ab, die durch hängende Moose und Versinterung bis zum Ahbach wuchs, sodass die Spitze zur Sicherheit bereits abgebrochen werden musste. Beeindruckendes Naturdenkmal und schönster Wasserfall der Eifel!

hochsteigen; etwa 200 m hinter der höchsten Stelle (Rettungspunkt) scharf links bergab, erst im Wald, anschließend mit Weitblick durch eines der beeindruckendsten **Wacholderschutzgebiete** der Eifel; unterhalb die „Stroheicher Straße" hinab nach **Niederehe**, „Loogher Straße" rechts zum Ausgangspunkt.

Wacholderschutzgebiet Hönselberg.

20. Nohn – Dreimühlen-Wasserfall

Auf Geo-Pfaden zum schönsten Wasserfall der Eifel

Ausgangspunkt: Nohn, Kirchstraße | **Bus/Bahn:** Von Hillesheim **Charakter:** Attraktive Spazierwanderung ins Ahtal, mit Panoramablicken von den Höhen | **Einkehr:** Nohn und Nohner Mühle (Café) | **Karte:** KOMPASS Nr. 836

Leicht | 6,5 km | 80 hm / 80 hm | 1:30 Std.

Vor der Kirche rechts „Schulstraße" am Gemeindehaus vorbei, rechts „Im Obstgarten", nach Linkskurve „Wiesenweg" und aus dem Ort. Von der Kreuzung in der Flur rechts auf den **Geo-Pfad**: zur L 10, 120 m links, dann rechts Teerweg und am **Dreymüllerhof** vorbei; von der Gabelung rechts Feldweg ins Tal; mit der L 68 über den **Ahbach** und schon vor dem **ehemaligen Kalkofen** (Geo-Punkt 20) rechts absteigen, Linksbogen und über den **Niedereher Bach**.

Richtung Wasserfall etwas ansteigen, dann Fußpfad neben dem **Kalkeifel-Radweg**, 1 km bis vor den Quellenüberlauf. Rechts absteigen zum **Dreimühlen-Wasserfall** (GEO-Punkt 18). Zwischen Ahbach und Wasserfall über den Steg, dahinter rechts über die Ahbrücke. Am Waldrand rechts (MTB 3) und 1 km durch das Tal, zuletzt erneut über die Ah.

Wieder auf den Geo-Pfad: links Teerweg zur **Nohner Mühle**, nochmals über den Ahbach und ansteigen; von der Teerwegabzweigung links am Waldrand hinauf nach **Nohn**, „Waldstraße". Rechts „Mühlenweg" wie Radweg ganz hinab. Unten rechts „Bergstraße", „Hauptstraße" links, vom „Winkel" rechts „Kirchstraße" zum Ausgangspunkt.

KOMPASS INFO

Nohn, 1019 n. Chr. erstmals urkundlich erwähnt, erhielt seinen Namen wohl vom 9. Meilenstein (ad nonum lapidem) der Römerstraße Trier–Köln.
Kalkofen: Restaurierte bäuerliche Kalkbrennerei einer Nohner Familie, die noch bis 1938 dem örtlichen Bedarf an Bau- und Düngekalk diente. Solche Schacht-Trichter-Öfen wurden mit großen Mengen an Holz und Reisig (Schanzen) befeuert und trugen so – wie Kochen, Heizen, Waschen, Kohlemeiler und der Fraß von Schafen und Ziegen – zur einstigen Entwaldung der Eifel bei.
Dreimühlenwasserfall → Tour 19.

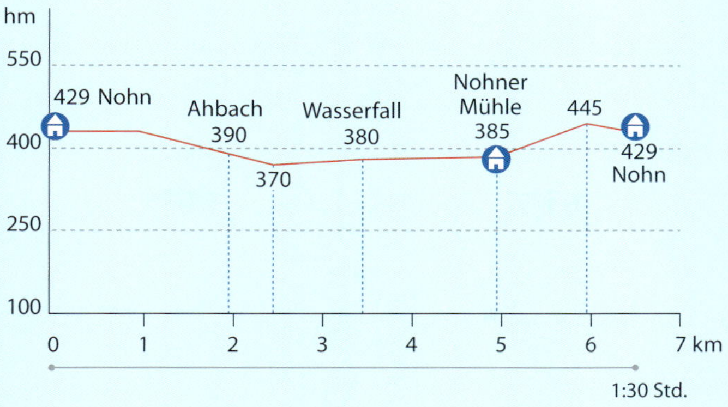

Historischer Kalkofen im Ahtal (Geo-Punkt 20).

Oberbusch
Wodanstein
Michelsberg
Leudersdorf
Römische Siedlung
Auf den Eichen
Staatsforst
Kerpener Wald
Hillesheim
Nollenbach
Meerbusch
Paulushof
Flesten
Köll
Weidert
Bernardyshof
Höhenberg
Freizeitanlage
Weinberg
Kerpen (Eifel)
Fritz-v.-Wille-Grab
Rodert Staatsforst
Koberg
Berndorf
Buberg
Schwalbenhof
Loogh
Zapechlei
Looghermühle
Hönselberg
Naturschutzgebiet
Wacholder
Auf den Bänken
Auf Wahlreich
Andreashof
Erschfelder Seifen
Stahlhofer Seifen
Michelbach
Wolferbach
Etzelbach
Rudersbach
Nollenbach
Feilsbach
Scheidbach
Büchen-

0 500 m

Beuerhof
Ruine Neublankenheim
Hammer Mühle
Mordhügel
Taufenseifen
Trierscheid
Nohner Bach
Huppich
Kirbach
Ahütte
START
Nohn
Suhrbusch
Hollersseifen
NSG
Dreymüllerhof
ehem. Kalkofen
Fohnhof
Willesperberg
Im Birk
Staatsforst
Eichenhof
Betterberg
Fischteiche
Hayerbusch
Wüstung Hof Heyer
Heierhütte
Heyerberg
Kapelle
Wagenerhof
Marienhof
Schmitzbach
Hoch-Staats-heimer forst
Kelberg
Grünbach
Haardt
Hillesheim
Heyroth
Heidehof
In der Hardt

21. Wildenburg – Reifferscheid

Durch zwei romantische Burgorte

Ausgangspunkt: Wildenburg, Bushaltestelle; Parkplatz auch im Ort. Alternative: Parkplatz „Ortsmitte" in Reifferscheid | **Bus:** Von den Bahnhöfen Kall und Blankenheim-Wald sowie von Hellenthal | **Charakter:** Zweiteilige Bergwanderung zu historisch interessanten Zielen. Auch steile Abschnitte. Grandiose Weitblicke! Fotomotive! | **Einkehr:** In Reifferscheid und Wildenburg | **Karte:** KOMPASS Nr. 836

Mittel | 9 km | 315 hm / 315 hm | 3 Std.

Von der Bushaltestelle auf die **Burgenroute**: durch **Wildenburg** bis vor die Kirche; nach rechts, hinter die Mauer und links den Steilpfad abwärts; unten rechts nach **Manscheid**, doch die L 22 nur nach oben überschreiten, über den **Leiderbach** und ansteigen, nach der Linksschlinge steiler; weiter oben rechts und bis auf die Höhe (Rastplatz); nach **Zingscheid**, doch schon am Strommast erste Ortsstraße rechts und gerade abwärts bis unter den Ort; rechts bis vor ein Gebüsch, hier links weit bergab nach **Wiesen**; den Fahrweg hinab, vom Kapellchen „Römerstraße" rechts, über die L 203 und durch die „Liebfrauenstraße" in **Reifferscheid**; über die L 17, rechts „Im Tal" bis Haus Nr. 10, daneben links „In den Weihern" und etwa 250 m talaufwärts, vom Markierungspfahl rechts den Bergpfad hoch; oben rechts durch das Tor und im **historischen Burgort** zum Bergfried, **Eifel-Blick** mit Tafeln.

Nach Abstieg vom Burggelände neben dem Rastplatz durch das Gebäude hinab zur Kirche. Unterhalb neben Haus Nr. 2 absteigen, auch die „Burgstraße" hinunter und – wieder „Im Tal" – auf den Hinweg, auch über die L 17 und erneut bis in die „Römerstraße".

KOMPASS INFO

Burg Reifferscheid wird erstmals 1106 erwähnt; ihre Kapelle wurde bereits 1130 Pfarrkirche. Aus einer Besitzteilung der Brüder Gerhard und Philipp von Reifferscheid entstand die zuerst 1190 nachgewiesene **Wildenburg**.

1714 kaufte das Kloster Steinfeld die Wildenburg und baute sie zum Schloss um. Heute Landschulheim. Die romantischen, mittelalterlich wirkenden Burgorte sind attraktive Wanderziele; ein Rundgang in den Burgbereichen wird sehr empfohlen.

Hellenthal → Seite 13 und 14.

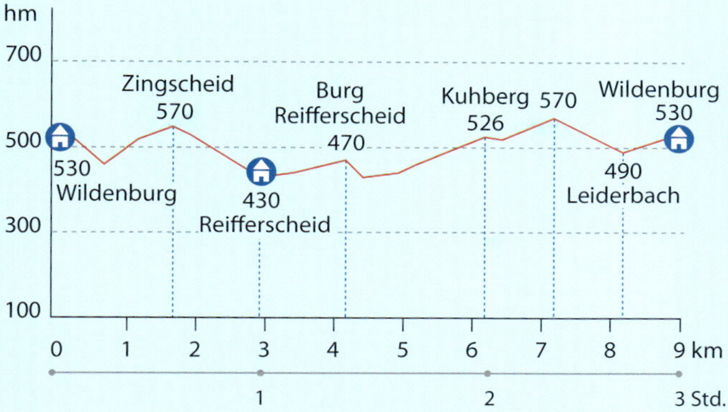

Vom Kapellchen nach links, doch sogleich den steilen Waldpfad hoch auf Weg A 12: über Straße und Parkplatz „Zingscheider Berg" in den unteren Weg; im Talgrund links und beständig bergauf, auch über den **Kuhberg** und dahinter noch bis vor den Ortsrand von Zingscheid. Vor der Teerstraße links am Waldrand aufsteigen. Oben auf dem Querfahrweg rechts bis zu dem vom Hinweg bekannten Rastplatz über dem Ort Zingscheid. Links absteigen, bald aber abweichend von der Burgenroute direkt ins **Leiderbachtal**. Hinter dem Bach rechts zur L 22 und an deren Rand hoch nach Wildenburg.

Burgort Reifferscheid.

KOMPASS

0 500 m

Frohnrath
Prethof
Kläranlage
Karolinenhof
Steinfeld
Kloster
Eifelbasilika
Steinfelder-
heistert
Sistig
Salbersbach
Gillen-
berg
Dauben-
forst
Wahlen
Diefenbach
Mühlenb
Krekeler Heide
Fischbach
Wilhelmshöhe
Fuchshöhle
Rodenhardt
Rüth
Krekel
Krekeler Hardt
Forsthaus Rüth
Lohr
Roder
Gringelberg
Scherenberg
Schweißbruch
Steinfelderberg
Marmagener Bach
Habesheck
Hecken
Heidbach
Rhein-Rureifel-
Weg
Heidberg
Milzenhäuschen
Silber
Runderstein
Paulushof
Kockesbach
Hohlbach
Hauberg
Kockesberg
Silberberg
Wisselbach
Sand
Giesenbruch
Rechler-
busch
258

22. Hollerath – Oleftal – Forst Schleiden

Auf dem Hellenthaler Narzissen-Wanderweg

Ausgangspunkt: Wanderparkplatz Hollerather Knie, oberhalb Hellenthal-Hollerath neben der Kurve der B 265 | **Charakter:** Rundwanderung, überwiegend auf festen Waldwegen und leicht zu begehen. Stärkerer Anstieg nur im Forst Schleiden **Einkehr:** Unterwegs keine; Gaststätten in Hollerath | **Karte:** KOMPASS Nr. 836

Mittel | 17 km | 210 hm 210 hm | 4:30 Std.

Vom Parkplatz die Ausfahrt nach Süden hinaufgehen, vor dem Wald rechts entlang bis in die nahe Rechtskurve. Dort nach links in den **Dreiherrenwald** einbiegen, über den Grenzgraben nach **Belgien** und einen Waldweg abwärts ins **Oleftal**. Vor der Brücke scharf nach rechts, auf dem Geologisch-montanhistorischen Lehr- und Wanderpfad nun das Oleftal 8 km – stets an dieser Bachseite bleibend – abwärts. Ab der nächsten Schranke wieder auf deutschem Boden und ins **Naturschutzgebiet Oleftal**, bald an einer Informationstafel zum **Wildnarzissengebiet** vorbei, zuletzt auf geteertem Weg und bis in die Anfänge der **Oleftalsperre**.

Mit den Schildern „Narzissen-Rundweg" und „Waldkapelle" rechts in das **Lehrbachtal** steigen. Auf einem Waldfahrweg nur 50 m, dann erneut an dieser Talseite ansteigen, nach 60 Schritten jedoch über die kleine Brücke und steiler hoch, nochmals über einen Steg und im **Forst Schleiden** steil hinauf zur

KOMPASS INFO

Am 7. Mai 1897 wurde im Forst Schleiden ein Freund des Herzogs von Arenberg durch ein Jagdunglück erschossen. An der Stelle ließ der Herzog eine Kapelle errichten, die 1899 dem heiligen Eduard (Namenspatron des Verunglückten) geweiht, eingerichtet, ausgemalt und mit einem gotischen Eichenholz-Altar versehen wurde. 1977 wurde die Kapelle von unbekannt gebliebenen Tätern schwer verwüstet. Mit der Wiederherstellung wurde sie unter Denkmalschutz gestellt. Das einsame Kleinod mitten im Wald ist heute ein beeindruckendes Wander- und Pilgerziel.

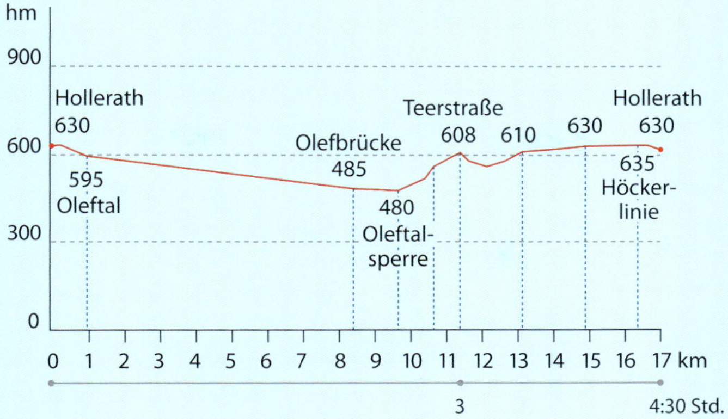

Arenbergischen Waldkapelle mit Rastplatz.

Weiter bergauf, über einen querenden Waldfahrweg hinweg, dann gerade hoch zur Teerstraße. Diese nur überschreiten, bergab zu einem Querweg, der rechts 2 km durch die **Obere Mühlenhardt** führt. Am Ende hoch zur Teerstraße und links auf ihr 1,5 km. Wo diese Straße links in die Feldflur biegt, geradeaus den Waldweg ansteigen und in dieser Richtung bald der **Höckerlinie** (ehemaliger „Westwall") entlang und zurück zum Ausgangspunkt.

Waldkapelle im Forst Schleiden.

614
WT
628
Feuerwachtturm
258
TR
Sonntagshügel
602
EHR
518
Reiffelhardt
Birkenhardt
Dornhardt
Wiesenhardt
(12)
Geologischer Lehrpfad
3LR
Eschkopf
488
Wiesbach
Kirchenfuhr
Forst
Forst Schl
571
Hassel-
path
Olef
Hohlenwiesbach
Dauben-
scheid
Daubenscheid
601
Hostertberg
Platiß-
quelle
Rathsberg
622
R9
A3
Heim-
büchel
START
Auf dem Karlers
Wildenberg
Dreiherren-
wald
Wengertsknepp
Forst
Lichtenbrett
Lichtenbach
Hollenbach
Rocherath
Willemsief
Lausdell
Forst
620
Olefterberg
647
0
500 m
KOMPASS

Oleftalsperre
Viriolsberg
543
Lammertzberg
Geologischer Lehrpfad
Wildfreigehege
Lichtenhardt
Wolfsberg
528
Hardt
Kirchenberg
Hellenthal
Reiserscheid
Mäusköpfchen
592
578
Hoheberg
Vohnztert
526
501
Kammerhardt
Schnitzberg
Plätßbach
Dresberg
Büschem
Eicherscheider Berg
Prether Bach
Dohlenberg
590
Dickerscheid
Volpertberg
Unterpreth
265
Bonner Skihütte
Brenshöhe
602
Liesberg
Hollerath
Zitter-
Hahnenberg
Auf dem Haseln
617
Hahnenberg Wahld
621
Leseberg
Prethtal-hütte
Hescheld
Parnsbach
Scheiterberg
Eckberg
Ramscheid
Burganlage
Herrend
Am Heitert
Oberprether Mühle
Gieschberg
Wittscheid
Artelsberg
Gieschеid
591
Zehnstelle
Matthiasweg
626

23. Hellenthal: Aufbereitung – Rescheid – Prethtal

Auf alten Wegen der Bergleute

Ausgangspunkt: Am Besucherbergwerk und Hotel-Restaurant (L 17 Blumenthal-Berk); Parkplatz und Bushaltestelle | **Bus:** Linie 838 von Hellenthal, Taxibus mit Voranmeldung, Tel. (01804) 151515 | **Charakter:** Rundtour auf zumeist festen, streckenweise steinigen Wegen, mit längeren Auf- und Abstiegen | **Empfehlung:** Vorher die hoch interessante Führung durch das Besucherbergwerk mitmachen und in die Ausstellung „Grubenhaus" gehen | **Einkehr:** Nur am Ausgangspunkt und in Rescheid, unterwegs keine | **Karte:** KOMPASS Nr. 836

Mittel | 12 km | 260 hm 260 hm | 3 Std.

Hellenthal: Besucherbergwerk Grube Wohlfahrt.

Wanderung auf einem beschilderten Abschnitt des mehrteiligen Geologisch-Montanhistorischen Lehr- und Wanderpfades der Gemeinde Hellenthal.

An der Rückseite des Hotels Richtung Rescheid auf den **Bergbau-Pfad** und in Kehren bergauf. Oben am Waldrand links weiter hoch, zuletzt geteert nach **Rescheid**. Links zur Kirche. Dahinter erst nach rechts, alsbald aber links Richtung Giescheid. Bereits vor Haus Nr. 173 erneut links und das **Kambachtal** ganz (2,2 km) hinunter, auch am **Süreberg-Stollen** (Tafel G 26) vorbei und bis ins **Prethtal**. Unten nach links (auch Zeichen ▶) dieses Tal 2 km aufwärts, von der **Udenbrether Mühle** noch bis zur

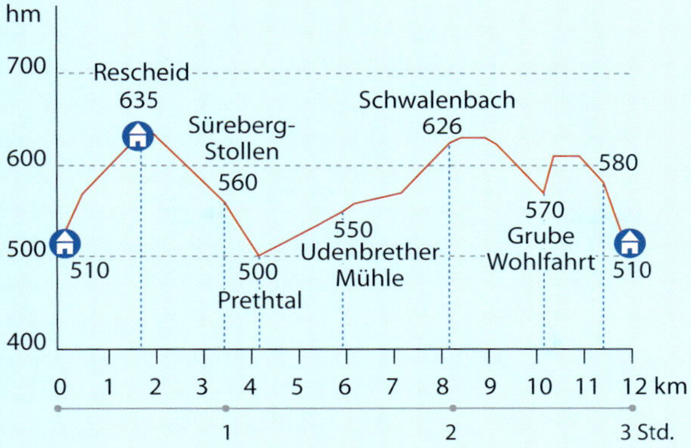

Teerstraßenverzweigung. Hier links über die Brücke und die Straße 150 m ansteigen, an deren Linkskurve jedoch rechts abbiegen und das **Schwalenbachtal** aufwärts, ab dem **Schwalenbacher Stollen** (Tafel G 19) noch bis zur Teerwegekreuzung. Links den Teerweg hinauf, an der **Grube Schwalenbach** (Tafel G 20) vorbei zur Bushaltestelle in **Schwalenbach**. An dieser Kreuzung nach rechts, auf der Anliegerstraße zur L 17. Vorsichtig zur anderen Seite der Landstraße und nach rechts gehen, bald nach Schnorrenberg abbiegen. Von dieser Straße in den 2. Feldweg nach links wechseln und gut 1 km bergab zur Straßenkurve vor dem **Zechenplatz Grube Wohlfahrt**. Nach rechts nur 10 Schritte, dann rechts in den **Pingenzug des Bärwurzelganges**, durch eine Senke und noch einmal kräftig bergauf. Oben am Waldrand nach links, von der Feldwegekreuzung erneut links und über den Höhenzug **Astert**. Hinter der höchsten Stelle, an der Tafel G 24 (Pingenzüge Astert) nicht nach links, vielmehr noch 10 Schritte weiter und durch die Linkskurve (!). Ab hier ständig bergab, direkt zurück zum Ausgangspunkt.

KOMPASS INFO

In der Eifel haben schon die Kelten und Römer nach Bleierzen gegraben. Die wichtigsten Vorkommen befinden sich entlang der Linie Mechernich (größte Bleierzvorkommen Europas) – Hellenthal-Rescheid – Bleialf, ferner im Raum Stolberg sowie in der Rureifel. Die Förderung in der Eifel wurde zuletzt 1957 eingestellt.
Im Besucherbergwerk „Grube Wohlfahrt“ tägliche Führungen und eine informative Schrift über das Eifeler Blei.
Hellenthal → Zur Erzgewinnung in der Eifel siehe auch Touren 6 und 28, ferner Seite 14.
Heimatverein Rescheid, Giescheid 36, 53940 Hellenthal-Rescheid
www.grubewohlfahrt.de

KOMPASS

0 500 m

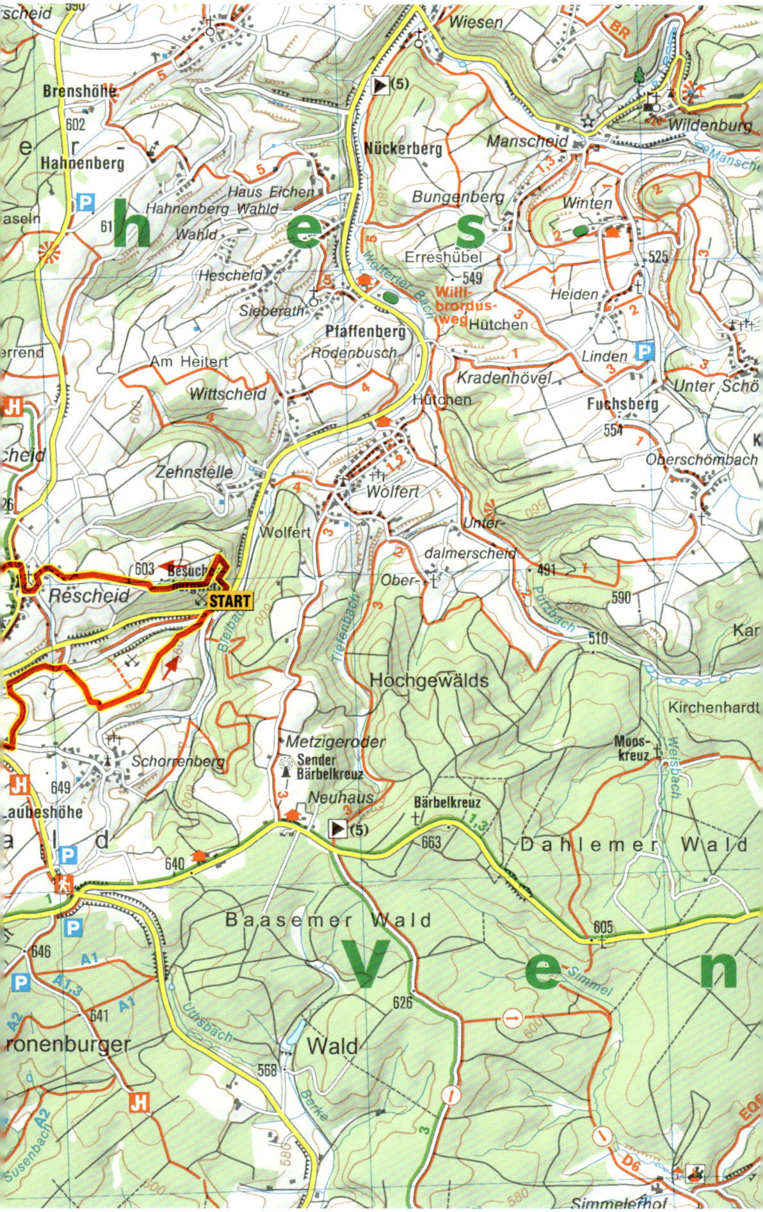
Wiesen
Brenshöhe
Hahnenberg
Haus Eichen
Hahnenberg Wahld
Wahld
Hescheid
Sieberath
Nückerberg
Manscheid
Wildenburg
Bungenberg
Winten
Erreshübel
Willibrordusweg
Hütchen
Heiden
Pfaffenberg
Rodenbusch
Linden
Am Heitert
Wittscheid
Kradenhövel
Unter Schö
Fuchsberg
Oberschömbach
Zehnstelle
Wolfert
Unterdalmerscheid
Oberdalmerscheid
Resch
Rescheid
Besucherbergwerk
START
Bleibach
Tiefenbach
Pützbach
Hochgewälds
Kirchenhardt
Metzigeroder
Sender Bärbelkreuz
Mooskreuz
Weisbach
Schorrenberg
Laubeshöhe
Neuhaus
Bärbelkreuz
Dahlemer Wald
Baasemer Wald
V e n
Simmel
Uhrsbach
Wald
Berke
Susenbach
Simmelerhof

24. Zwischen Stadtkyll und Schönfeld

Durch die Waldberge um die Obere Wirft

Ausgangspunkt: Parkplatz am „Haus Wirfttal" (Grillhütte, Rettungspunkt 5605-013). Zufahrt aus Stadtkyll: Richtung Schüller die „Wirftstraße" (K 64) 2,5 km talaufwärts | **Charakter:** Rundtour auf überwiegend festen Waldwegen. Zum Steinbüchel ein gedehnter Anstieg. Von der Oberen Wirft ein starker Anstieg auf einem Grasweg; Tau und Nässe beim Schuhwerk bedenken! Insgesamt keine schwierige Wanderung | **Einkehr:** Unterwegs keine
Karte: KOMPASS Nr. 836

Mittel | 14 km | 260 hm / 260 hm | 4 Std.

Wir starten die K 64 talaufwärts, nach 250 m links über die **Wirft**. Dahinter sogleich rechts auf Weg 5, ständig bergauf durch Wald, später Feld, vom **Naturschutzgebiet** links und geteert, bis zu einem kleinen Kreuz zur Rechten. Hier nach rechts und dem Zeichen ▶ folgen: Anstieg auf den **Steinbüchel** (totaler Rundumblick!); am Waldrand abwärts zu einem Fahrweg; auf diesem rechts und stets auch Richtung Steffeln orientieren, Fahrweg über den **Mottenberg** und geradeaus weiter über den **Rammelsberg** und bis zur Abzweigung am Rettungspunkt 5605-054 und dem **Gedenkstein** (für einen Jagdhund) BoB Etzel von Gelderland; nach rechts zum nahen **Eisernen Kreuz**, dort links abbiegen und noch 1,2 km durch den **Lissendorfer Kammerwald** bis zu einer Fahrwegverzweigung mit Bank.

Nun nach rechts auf Weg 1 wechseln: 250 m stark abwärts; am Rettungspunkt 5605-053 nach rechts und zum **Weitersberg** wieder gedehnt ansteigen; etwa 1 km ziemlich flach um den Berg, ab dem Rettungspunkt 5605-048 in gleicher Richtung, bald aber bergab ins **Obere Wirfttal**.

KOMPASS INFO

Stadtkyll, zu dessen Gemeinde auch Schönfeld gehört, ist ein Luftkurort mit großen Freizeitbereichen im Zentrum des Erholungsgebiets Oberes Kylltal. Die mittelalterliche Stadt war im 13. Jh. mit einer Mauer befestigt, die 14 Verteidigungstürme aufwies; die Burg brannte 1632 ab.
Oberes Kylltal → Seite 13.

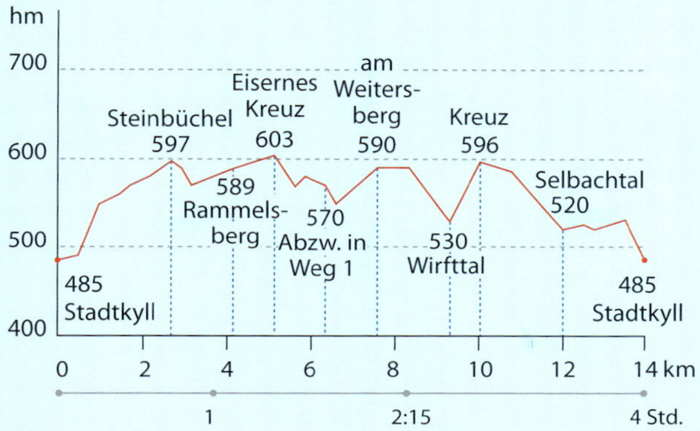

Von Weg 1 abweichend rechts über die Wirft gehen, vom Radweg links und den anfangs geteerten Feldweg ansteigen, auch über einen festen Querweg und auf dem Grasweg bis zur K 64 auf der Höhe. Von der Bank mit Kreuz nach rechts auf Weg 9. Die Teerstraße am Waldrand 750 m leicht abwärts, dann links den Waldweg hinab; hinter einer Rechtskurve an der Gabelung in den linken Weg; von der nächsten Gabelung auf dem rechten Weg bis ins **Selbachtal**; scharf links etwa 400 m wieder talaufwärts, dann rechts über den Selbach und (Richtung Stadtkyll) nach rechts die Waldstraße abgehen. Wo nach 1 km der Weg 9 nach links markiert ist, geradeaus auf der Waldstraße bleiben, bergab zum Ausgangspunkt.

Rast bei Schönfeld.

Höhlenberg
Steinert
Leuwersberg
Kerschenbach
Flachseifen
Berscheid
Neuert
Zung
Arenbergisches Forsthaus
Goldberg
Windenergie-anlage
Kläranlage
Haus Kalkerheck
Kalkerheck
Weinstraße
Forst
Steinberg
Arenberg
Eichenbüsc
Eifel
Prümquelle
Roten-born
Eschen-fenn
Prüm
Auf dem Gericht
Neuenstein
Schönfeld
Neureuth
Glasfeld
Haselt
Reuth
Premerkopf
Dehner Maar
Leiwerberg
Auf Metscheid

0 500 m

Niederkyll
Glaadt
Stadtkyll
Hillesheim
Sängscheid
Schüller
Gönnersdorf
START
Steinbüchel
Ramersberg
Birgler Wald
Eisernes Kreuz
Weitersberg
Lissendorfer Kammerwald
Steffelner Wald
Schönfeldermühle
Steffeln
Heidenkopf
Wahlhausen
Lehnerath
Killenberg
Staatsforst Merscheid Hillesheim
Freizeitzentrum Wirfttal
Landal-Green-Parks
Jugend-feriendorf
Dominikus-Savia-Haus
Eisenmuseum
Schlossruine
Glaadter Burg Tiergarten
Sannsfeld
Hunertsberg
Eifeler Reiterzentrum
Rhein-Kyll-Weg
Niederfeld
Waldfrieden
Römerhof
Steffelnkopf
Vulkangarten
Weihersberg

25. Jünkerath – Esch – Alendorf

Aus dem Kylltal in die Wacholderschutzgebiete

Ausgangspunkt: Bahnhof Jünkerath. Parken: Bahnhofstraße oder an der Ostseite der Bahnanlage (Gewerkschaftsstraße); an der Wanderstrecke auch Rathausplatz (unterhalb Rathaus) oder in Glaadt vor der Talbrücke | **Bus/Bahn:** Eifelstrecke Köln–Trier. Bus von Prüm und Stadtkyll | **Charakter:** Rundwanderung zu grandiosen Aussichtspunkten und zu mit Wacholder, Orchideen und Enzianen bestandenen Naturschutzgebieten. Steiler Anstieg nur am Eierberg. Fotomotive, Fernglas empfohlen | **Einkehr:** Unterwegs keine | **Karte:** KOMPASS Nr. 836

Mittel | 16 km | 425 hm / 425 hm | 4 Std.

Vom Bahnhofsausgang links und die Gleisanlage unterqueren. Rechts 700 m durch die „Gewerkschaftsstraße". Nach Kurve und hinter der Bachbrücke links den **Bisselbachweg** (J 6) aufwärts, stets an dieser östlichen Bachseite und oben bis zum Gebüsch vor **Esch**. Teerweg links, rechts am Sportfeld vorbei in den Ort. Ab der alten Schule 100 m abwärts, dann rechts an Haus Nr. 45 vorbei auf Weg E 2, den Feldweg abwärts, hinter einer Querstraße über dem **Odenbachtal**. Am Ende auf Weg 38 durch den Talgrund und gerade sowie steil auf den **Eierberg**; ganz oben nach rechts eine Panoramastrecke, danach Linkskurve; über den Teerweg und erneut bergauf. Oben (Kreuz) den **Eifelsteig** hoch bis auf den **Griesheuel**.

Nach rechts über die Straße und auf Weg 37: links den **Alten Kirchweg** hinab durch die Flur; unten links neben dem Zaun ins Tal, Straße über den **Bonnesbach**. Beim Anstieg links Richtung Esch und auf der K 67 bis das Bachtal

KOMPASS INFO

Jünkerath entstand aus dem römischen Straßenkastell „Icorigium", das bis um 400 n. Chr. die Heerstraße Trier – Köln absicherte. Eine 1213 erstmals erwähnte Wasserburg ersetzten die Grafen von Schleiden im 14./15. Jh. durch das Schloss „Junkerode", das 1737 abbrannte. Ruinen im Ortsteil Glaadt, sog. „Glaadter Burg".
In Nähe des großen Bahnhofs gibt es ein beeindruckendes Eisenmuseum (Tel. (06597) 1482)
VG Obere Kyll → Seite 13.
Eisenmuseum → Seite 14.

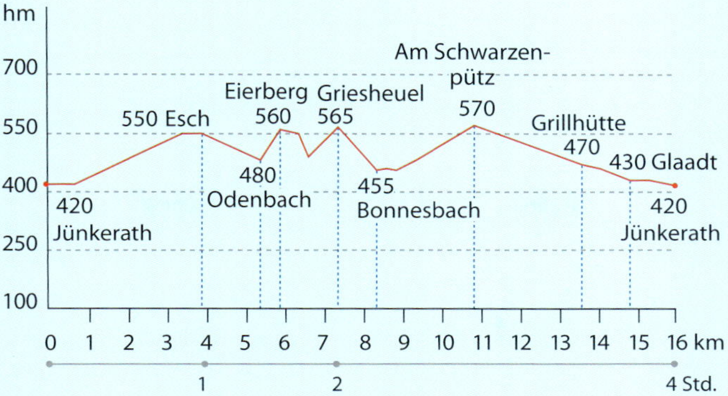

durchschritten ist. Am **Gedenkstein der St. Matthias-Bruderschaft** rechts in den Wald, ansteigen und bald rechts kurven, dann geradeaus; auf dem festen Querweg nach rechts und bis zum Feldrand. Ab hier auf den **Quellenpfad**: geradeaus in den Hochwald; von einer Abzweigung rechts hoch, oben um den Waldrand weiter zur Querstraße **Am Schwarzenpütz**. Nun auf den **Josef-Schramm-Weg** (▶): geradeaus und abwärts 1 km in gleicher Richtung, dann Rechtsbogen und im Wald ins **Birbachtal**; vor einer Freifläche mit Zaun zur rechten Talseite und bald auf einem Fahrweg talwärts; vor der Grillhütte rechts am Waldrand weiter, am **Birbachstausee** über den Staudamm. Den „Birbachweg“ abwärts nach **Glaadt**, „Burgstraße“ zur Kreuzung. Über die Talbrücke (linker Fußweg), links „Kölner Straße“, nach 80 m links „Rathausplatz“. Unten über die **Kyll** und mit dem **Kylltal-Radweg** zurück zum Bahnhof.

Alendorfer Wacholdertriften, Kalvarienberg und Eierberg.

Michelshof
Kalkstein
Heidenkopf I
Eichholzbach
E i c h o l z
NSG
Dahlem
Finsterley
Mörlbach
Heidenkopf II
Heidenkopf III
Heiden-kopf
Kirchenbusch
Vierherrenstein
Leuteratherhof
Reinertshof
Hahnenberg
Histor. Wassermühle
Staarenbusch
Luttersbach
Fuchskaul
Staatsforst
Mieshof
Hubertushof
Rabenberger Höfe
Witzenberg
Eschermühle
Heidenhof
Tannenhof
Kockelsberg
Geisberg
Gladbach
Niederkyll
Glaadt
Stausee
Kyll
H i l l e s h e i m
Schlossruine
Glaadter Burg Tiergarten
Stadtkyll
Wochenend-häuser
Sängscheid
Dominikus-Savia-Haus
START
Jünkerath
Auf Rött
Auf den
Stausee
Jugend-feriendorf
Landal-Green-Parks
Eisenmuseum
Krimm
Schüller
Wochenend-häuser
Steinbüchel

0 500 m

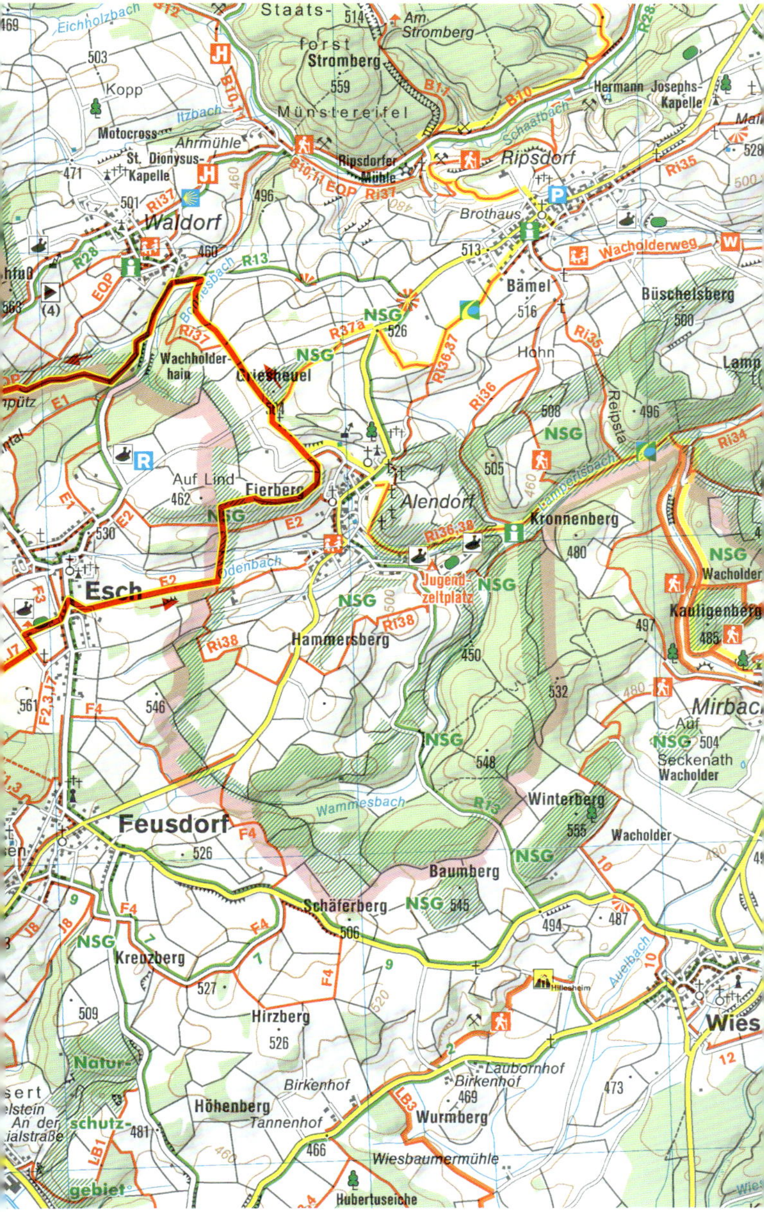

Eichholzbach
Staats-
forst
Stromberg
Am Stromberg
514
559
503
Kopp
Itzbach
Münstereifel
Motocross
Ahrmühle
St. Dionysus-
Kapelle
471
Ripsdorfer
Mühle
Ripsdorf
Hermann Josephs-
Kapelle
Schaafbach
528
496
501
Waldorf
Brothaus
Wacholderweg
460
R13
513
Bämel
516
Büschelsberg
500
NSG
526
Wachholder-
hain
Griesheuel
Hohn
Lamp
508
496
Reipsta
505
Lampertsbach
Auf Lind
462
Fierberg
Alendorf
Kronnenberg
480
530
Esch
Odenbach
Jugend-
zeltplatz
Wacholder
Kauligenberg
497
485
Hammersberg
450
532
561
546
Mirbac
Auf
Seckenath
Wacholder
504
548
Wammesbach
Winterberg
555
Wacholder
Feusdorf
526
Baumberg
Schäferberg
506
545
494
487
Kreuzberg
Auelbach
527
Hillesheim
509
Hirzberg
526
Wies
Natur-
schutz-
gebiet
Laubornhof
Birkenhof
Birkenhof
469
473
Höhenberg
Tannenhof
481
Wurmberg
466
Wiesbaumermühle
Hubertuseiche

26. Ormont – Mooshaus

Durch Venngebiete der Schneifel

Ausgangspunkt: Parkplätze an der Kirche. Weitere Parkmöglichkeiten am Bürgerhaus | **Bus/Bahn:** Buslinie Prüm–Bhf. Jünkerath (Köln–Trier); nur wenige Verbindungen | **Charakter:** Einsame, nicht schwierige Wald-Rundtour auf Wegen und Pfaden. Bei Nässe sind entsprechend hohe Schuhe unerlässlich | **Einkehr:** In Mooshaus und Ormont. Wegzehrung mitnehmen | **Karte:** KOMPASS Nr. 836

Mittel | 14 km | 210 hm 210 hm | 3:30 Std.

Vom „Kirchweg" abwärts zur Verkehrsstraße wird zunächst Weg 4 verfolgt: links (Gaststätte) ansteigen und auch am **Bürgerhaus** vorbei; in die K 64 Richtung Neuendorf, gleich links die „Waldstraße" hinauf, aber am Ortsende in den Weg nach rechts; von der Abzweigung im Wald nach links am **Steinberg** steiler hoch; die querende Waldstraße nach rechts vollständig durchgehen, bis vor einem Wasserbauwerk wieder die K 64 erreicht ist.

Auf dieser Straße nach rechts um die Kurve abwärts, am Rastplatz (zur Linken) sofort links talwärts gehen. Auf der markierten **Moor-Route** rechts halten, durch eine Senke, dahinter rechts abbiegend (Tafel) durch das **Bragphenn**, aus dem der **Rupbach** quillt. Am Hochwaldrand nach rechts gehen, auf dem Querweg aber nach links ansteigen. In den nächsten Fahrweg nach links abbiegen und diesen fast 2 km durchgehen, im bewaldeten **Glockersvenn** über einen Querweg und bis zur L 20.

KOMPASS INFO

Der etwa 15 km lange, zwischen Ormont und Brandscheid von Nordost nach Südwest verlaufene Höhenzug der Schneifel (bis 697,3 m hoch) bildet für die von Westen kommenden gesättigten Meerwinde eine natürliche Barriere und ist entsprechend reich an Niederschlägen. An allen Hangseiten entspringen Bäche und etliche moorige Flächen erinnern an die überwiegend im Belgischen gelegenen Hochmoore des Hohen Venn. Im Winter ein bekanntes Skigebiet (Schneifel = Schnee-Eifel), wird dem Wanderer von Frühjahr bis Herbst eine schier endlose Waldeinsamkeit geboten.
VG Obere Kyll → Seite 13.
Prümer Land → Seite 13.

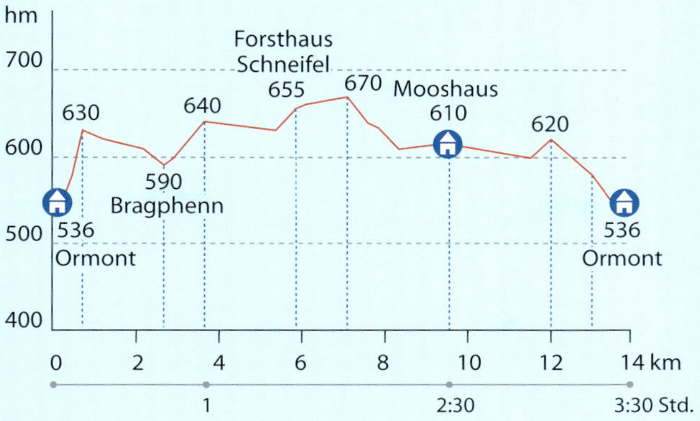

Von der anderen Straßenseite nach links auf Weg 19 zum Forsthaus Schneifel, vorsichtig über die B 265 und ansteigen, bald rechts der **Schneifelhöhenstraße.** Auf diesem Waldpfad bis zum 2. Querweg bleiben, dann mit der **Moor-Route** nach rechts und bergab. Unten in den Querweg nach links, jedoch in den nächsten Waldweg nach rechts abwärts. In der Folge an 2 Abzweigungen rechts halten und durch Wiesen. Von einer Wegekreuzung neben dem **Naturschutzgebiet Rohrvenn** geradeaus (!) in den Wiesenweg (1, 19, G); oben links dem Hochwaldrand entlang, mit der Straße rechts nach **Mooshaus**.

Ab der Bushaltestelle auf Weg 5 in den Wald: an der Abzweigung rechts halten; im Moorwald der **Lambachquellen** links herum und dann 2,5 km stets in dieser Richtung durch das **Gebiet Im Dümpel** bis zur L 20; links neben der Heckenreihe auf dem **Walertsweg** noch 50 m. Rechts über die L 20 und bergab. Ab der **Westwall-Höckerlinie** links (▶) nach **Ormont**.

Moor-Route in der Schneifel (© Naturpark Venn-Eifel, Prüm).

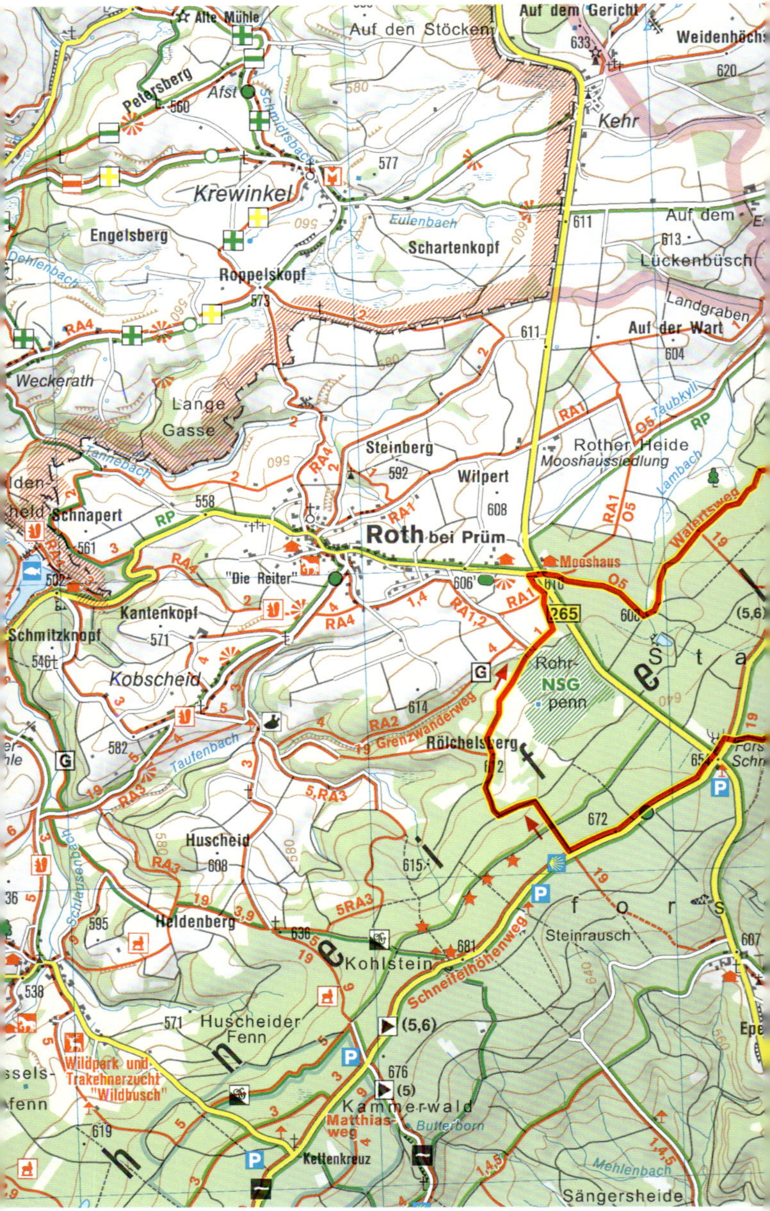

Alte Mühle
Auf den Stöcken
Auf dem Gericht
Weidenhöchs
Kehr
Petersberg
Afst
Schmidtsbach
Krewinkel
Eulenbach
Schartenkopf
Engelsberg
Roppelskopf
Auf dem
Lückenbüsch
Landgraben
Auf der Wart
Weckerath
Lange Gasse
Tannebach
Steinberg
Wilpert
Rother Heide
Mooshaussiedlung
Taubkyll
Lambach
Schnapert
Roth bei Prüm
Mooshaus
Walertsweg
"Die Reiter"
Kantenkopf
Schmitzknopf
Kobscheid
Rohr-
NSG
penn
Grenzwanderweg
Rölchelsberg
Taufenbach
Huscheid
Heldenberg
Kohlstein
Schneifelhöhenweg
Steinrausch
Huscheider Fenn
Wildpark und Trakehnerzucht "Wildbusch"
Kammerwald
Matthias-weg
Butterborn
Kettenkreuz
Mehlenbach
Sängersheide
Schlausenbach

0 500 m

Ormont
START
Auf der Hardt
Walenstraße
Goldberg
Windenergie-anlage
Kläranlage
Weinstraße
Steinberg
Eifel
Forst
Arenberg
Zung
Neuert
Prümquelle
Rotenborn
Eschenfenn
Brag
Füllert
Neuenstein
Auf dem Gericht
Schlehnenheck
Heilknopp
Sauerbunnen
Dreiborn
Haselt
Reuth
Glasfeld
Neureuth
Lascheid
Langer Bach
Astenberg
Leiwerberg
Eschenfenn
Neuendorf
Sauerbrunnen
Olzheimer Berg
Linn
Wambach
Olzheim
Harelstein
Frohnborn
Weidenhof
Herescheid
Kleinlangenfeld
Kalberberg
Bodert
Siedlung
Prüm
Grimmelbach
Ribbach
Reuther Bach
Tresbach
Rupbach
Boosenbach
Essenbach
Kalkerbach
Birkenseifen

27. Über den Schwarzen Mann

Schneifelhöhenwanderung

Ausgangspunkt: Großparkplatz Zum Schwarzen Mann, in Mitte der Schneifelhöhenstraße (K 108) B 265–Brandscheid | **Charakter:** Längere, aber leichte Rucksackwanderung auf zumeist festen Waldwegen. Bei Eis- und Schneelage sowie bei drohendem Wettersturz hier nicht wandern! | **Einkehr:** Nur im Blockhaus Zum Schwarzen Mann | **Karte:** KOMPASS Nr. 836

Mittel | 16,5 km | 180 hm / 180 hm | 4 Std.

Am unteren Ende des Parkplatzes vor der **Königsbuche** rechts auf dem **Westwallweg** (1) abwärts. Unten in den Querweg nach links und diesen Fahrweg beibehalten, auch an der **Gedenkstätte** vorbei. Ab einer Wegekreuzung Weg 18 in gleicher Richtung bis **Brandscheider Kreuz**, die letzten 150 m mit der Straße.

Dem Park- und Rastplatz gegenüber am Vorfahrtsschild auf Weg 10 Richtung Sellerich in den Waldpfad. Auf dem nächsten Querweg nach links auf Weg 11: etwas an-

KOMPASS INFO

Der Name „Schwarzer Mann", zuerst wohl von im nahen Bleialf tätigen Harzer Bergleuten benutzt, bezeichnet die höchste Erhebung der Schneifel (bis 697,3 m) und ihren langgestreckten Höhenzug nordwestlich von Prüm. Der hergebrachte Name war „Kerschtgeroth". Daran erinnert der Tranchotstein Kerschtgeroth, der – neben der Botrange, Belgiens höchstem Punkt, und dem Lousberg in Aachen – die dritte Stelle markiert, von der aus der Militärgeograph Tranchot im Auftrag Napoleons ab 1803 die Rheinlande erstmals topographisch aufnahm.
Der Stein unter der anfangs angetroffenen Blutbuche (richtig „Königsbuche"), über viele Jahrhunderte eine der wichtigsten Grenzmarkierungen der Westeifel, schied die Höfe Auw, Alf (Bleialf), Sellerich und Gondenbrett sowie die Bistümer Trier, Köln und Lüttich. Die Westseite der Höhe ist gekennzeichnet von zahlreichen gesprengten Westwallbunkern, inzwischen zumeist überwaldet.
Tourist-Information Prümer Land → Seite 13.

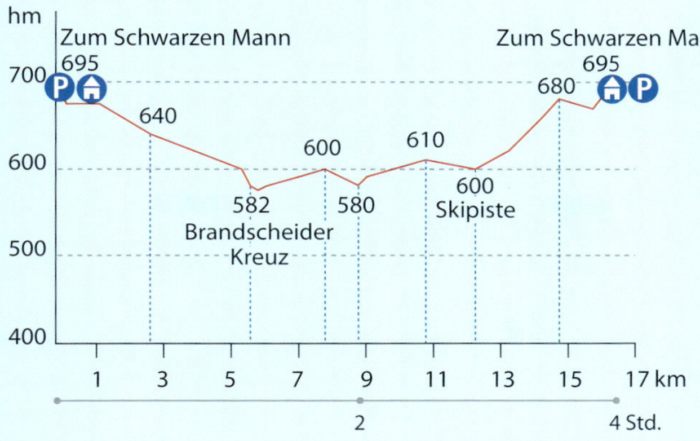

steigen, die L 17 80 m abwärts, dann links den Waldfahrweg hoch und nun für 6,5 km diese Richtung beibehalten. Nach 3 km über einen Querweg, jetzt als Weg 2 markiert; von unterhalb des Skihanges noch 500 m, zweimal aufwärts bis zur höchsten Wegstelle.

Weg 2 zweigt dort links ab (und kann als Abkürzung benutzt werden); 5 Schritte weiter wenden wir uns nach links in Weg 4 für die Rückkehr: kurvig durch **Quellgebiete des Steinigebaches**; am Wegende die Straße ansteigen, auch über einen kreuzenden Waldweg und bis zur nächsten Waldwegekreuzung (rechts der Revierstein 214/218); hier links abbiegen und geradeaus halten, in der Folge nicht in den Weg nach rechts, danach nicht nach links gehen, bis sich der Weg an einem Dreieck gabelt; nun links herum und in die Rechtskurve; anschließend wieder ansteigen, aber nur etwa 40 m, um links (Zum Schwarzen Mann beschildert) in den Wald abzubiegen, zurück zum Ausgangspunkt.

Schneifelwanderung am Schwarzen Mann (© Naturpark Venn-Eifel, Prüm).

KOMPASS

0 500 m

Heldenberg
Kohlstein
Schneifelhöhenweg
Steinrausch
Huscheider Fenn
Wildpark und Trakehnerzucht "Wildbusch"
Kammerwald
Mathias-weg
Butterborn
Kettenkreuz
Mehlenbach
Sängersheide
Königsfenn
Zum Schwarzen Mann
START
Steinigebach
Willibrordus-weg
Langenfeld
Winter-sportanlage
Kirchenberg
Stausee
Tranchotstein
Schwarzer Mann
Remmel-scheid
Wascheid
Eicheldell
Hallerich
Wolkert
Dickenberg
Marienkapelle
Wirbelkopf
Fröhn
Ell-scheid
Gonden
Hontheim
Thomasberg
Münsterberg
Sellericher-höhe
Obermehlen
Knieberg
Am Knopp
Müttelbusch
Bungarts-weiher
Weinscheidberg
EifelLand & Kultur Route
Wirbelscheid
Eich
Niedermehlen
Tafel

28. Bleialf – Alftal – Buchet

Bergwerks-, Tal- und Höhenwege

Ausgangspunkt: Bleialf, Parkflächen an der Kirche | **Bus/Bahn:** Von Prüm | **Charakter:** Rundtour, teils auf urigen Pfaden, teils auf festen Wegen, Naturerlebnis und Bergwerksgeschichte inbegriffen. Um Buchet deutliche Anstiege, zum Üchenbach ein kurzer Steilabstieg | **Einkehr:** In Bleialf, unterwegs keine | **Karte:** KOMPASS Nr. 836

Mittel | 7,5 km | 180 hm / 180 hm | 2 Std.

Unterhalb der Kirche auf Weg 20 Richtung Prüm starten, am Hotel Waldblick in die „Oberbergstraße" abbiegen und diese ganz abwärts ins **Alftal** gehen. Jenseits der „Bergwerkstraße" auf den **Naturerlebnispfad** (3): dieses sog. „Bähnchen" der einstigen Bergleute gerät oberhalb der Halden der **Grube Neu-Berthaschacht** an den Wiesenrand, wo wir die Talseite wechseln; hinter der Alfbrücke nach rechts ansteigen, den breiten Weg nach links hinauf zur Grillhütte (mit Skulpturenweg) und zur K 105. Diese abwärts. „Auf dem Steinbach" scharf rechts in die Talstraße. Am letzten Haus rechts über den Bach und hoch nach **Buchet**. Vom Stromverteiler links die Straße „In der Jennenbach" ansteigen. Oben rechts „Schneifelweg", doch sofort erneut rechts und die Feldstraße hinauf.

Auf der Höhe rechts die querende Feldstraße mit Panoramablick ab-

KOMPASS INFO

Der bedeutende Fremdenverkehrsort im Prümer Land, 893 als „Alve" zuerst erwähnt, war zumindest seit dem 11. Jh. ein Bergwerksort; der Betrieb wurde erst 1954 endgültig eingestellt. Erste Kirche 1187, Bistum Lüttich. Im 15. Jh. dreischiffige spätgotische Hallenkirche, in der ein in Europa einmaliger Gemäldezyklus – die 10 Gebote Gottes stehen den 10 Plagen unter Pharao gegenüber – freigelegt wurde. In den späteren Hallenanbau nach Süden sind die alten Schnitzaltäre und die Kanzel eingeordnet und das Ensemble verdient die Bezeichnung „Mariendom der Eifel". Führung durch die Kirche wie auch durch das Besucherbergwerk „Mühlenberger Stollen" nach Anmeldung möglich.
Fremdenverkehrsverein Bleialf-Schneifel, Auf Kellerpesch 4, 54608 Bleialf. Tel. (06555) 302. Auch Eifelverein-Ortsgruppe Bleialf (www.eifelverein-bleialf.de).

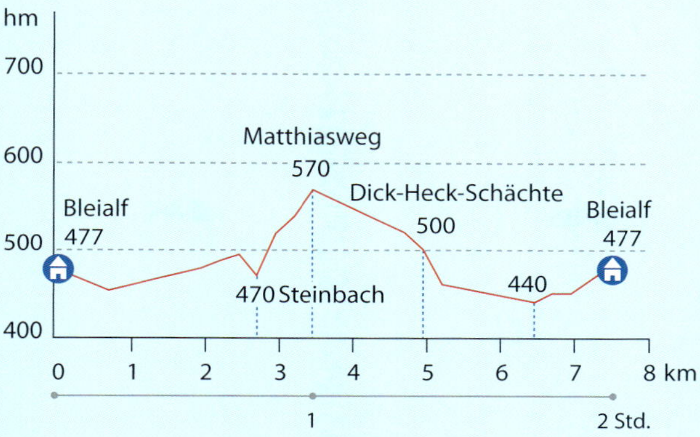

wärts, bei **Weidinger** über die K 105, danach auch über die L 17 und noch 250 m weiter. Dann links auf den **Bergbaupfad** (4). In der nächsten Waldecke (Abstecher) die **Dick-Heck-Schächte**; am Waldrand noch ein wenig abwärts, dann in den Wald und bald rechts auf urigem Pfad um alte **Pingen** (Einsturzkuhlen), sorgfältig auf die Markierung achtend und zuletzt steil bergab ins **Üchenbachtal**. Von der Schutzhütte rechts auf Weg 5 durch den Wald, später am **Aspend-Schacht** vorbei und im Ortsteil **Hamburg** an der **Grube Neue Hoffnung** mit dem **Besucherbergwerk „Mühlenberger Stollen"**. Auf dem Fußweg neben der Landstraße über die Bäche und ansteigen nach **Bleialf**. „Im Brühl" nach rechts (Schule), nächster Weg hoch ins Zentrum zum Ausgangspunkt.

Besucherbergwerk „Mühlenberger Stollen" in Bleialf (© Naturpark Venn-Eifel, Prüm).

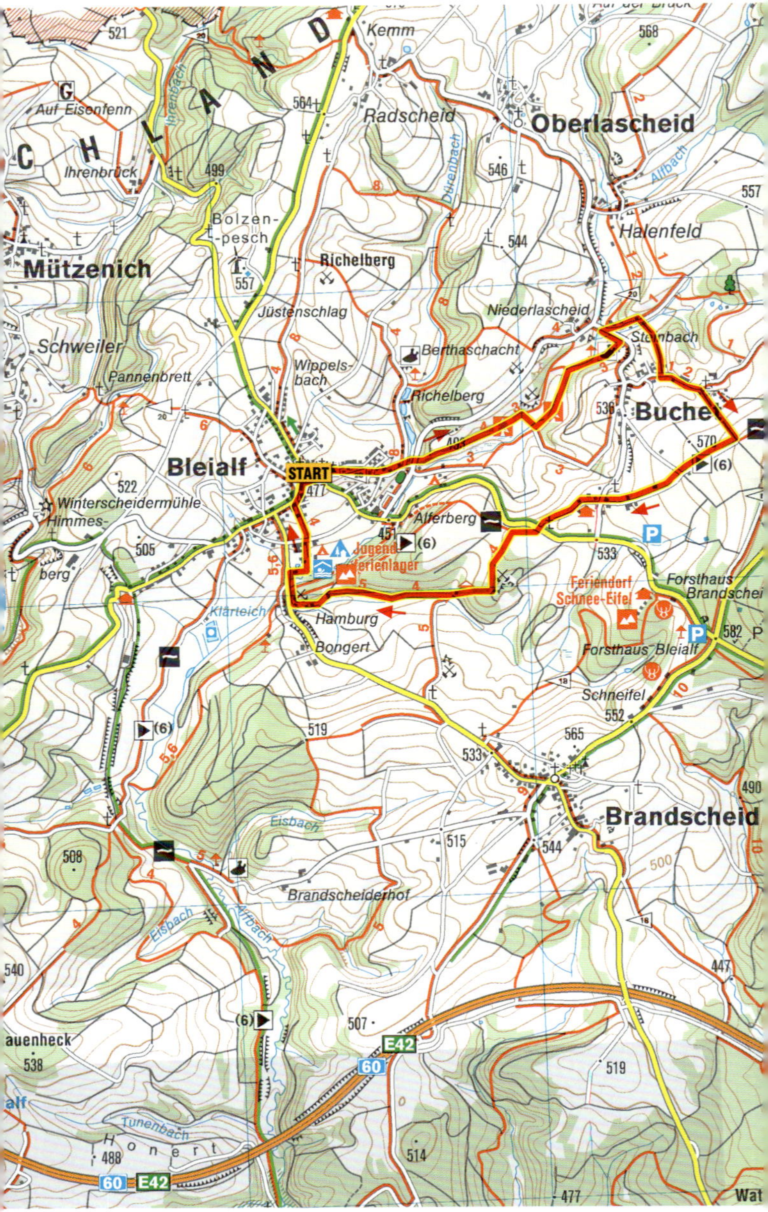

KOMPASS

0 500 m

Staatsforst
Zum Schwarzen Mann
Wintersportanlage
Kirchenberg
Willibrordusweg
Steinigebach
Tranchotstein
Schwarzer Mann
Remmelscheid
Prüm
Eicheldell
Hallerich
Wolkert
Marienkapelle
Wirbelkopf
Dickenberg
Fröhn
Ellscheid
Hontheim
Wendelputz
Schneifelhaus
Sellericherhöhe
Thomasberg
Sellerich
Obermehlen
Fischteiche
Knieberg
Am Knopp
EifelLand & Kultur Route
Rodscheid
Herscheid
Eich
Niedermehlen
Heisterberg
Warmendell
Mönbach
Mehlenbach
Kalvari
Helmert
Steinmehlen
Hörnich
Haus Schröder
Achterhof
Donnerskopf
Weinsfelder Berg
E42
60
NSG

29. Prüm – Tettenbusch – Münsterberg – Kalvarienberg

Durch die Kuranlagen und über die Berge

Ausgangspunkt: Großer Parkplatz (200 Plätze) „Konvikt/Haus der Kultur", untere Kalvarienbergstraße | **Bus/Bahn:** Von allen Richtungen, auch von den Hauptbahnhöfen Trier und Aachen sowie von den Bahnhöfen Jünkerath und Gerolstein (Eifelstrecke Köln–Trier) | **Charakter:** Rundtour, zumeist auf festen Wegen, auch mit längeren An- und Abstiegen, jedoch keine steilen Wege. Weite Schneifelblicke vom Münsterberg | **Einkehr:** Unterwegs nur im Stadtgebiet | **Karte:** KOMPASS Nr. 836

Mittel | 10,5 km | 180 hm / 180 hm | 3 Std.

Von der Parkplatzeinfahrt mit dem Zeichen ▶ die „Kalvarienbergstraße" abwärts, aus der Rechtskurve (Kreuzerweg) links den Fuhrweg hinab zum zentralen „Hahnplatz". Links vor der Tourist-Information vorbei, auf dem Zebrastreifen über die „Hahnstraße" und – mit Blick auf die Basilika – um den Platz herum. Richtung Kurpark durch die „Teichstraße", vorbei am **Brunnen der Stadtgeschichte**, am Parkhaus sowie am Kurzentrum, und durch die **Kuranlagen** bis vor den **Entenweiher**. Dort nach links ansteigen und auf dem **Bienenlehrpfad** direkt unterhalb der Straße bis vor die Ausstellungspavillons und die Tafel „Insektenhotel".

Nun rechts die Tritte hoch, über die Straße „Am Kurpark" und nach rechts auf den Forsthausweg 3. Gedehnt und bedächtig im **Tettenbusch** 1,5 km waldaufwärts; an einer Abzweigung die Clemens-Hosius-Hütte links lassen, also rechts daran vorbei zur **Wintersportanlage Wolfsschlucht**; oberhalb des Hauses vor der Landschaftstafel links den Bergpfad hoch zu einem Querweg.

KOMPASS INFO

Prüm entwickelte sich aus einem um 721 von der Urgroßmutter Karls des Großen gegründeten Kloster, von dem bedeutende Entwicklungsschübe für die Eifel ausgingen. Durch die Explosion von 531 Tonnen auf dem Kalvarienberg eingelagerter Kriegsmunition war die Stadt am 15.7.1949 schwer zerstört worden. Die Salvatorbasilika birgt das Grab Kaiser Lothars I. (795-855). **Prümer Land** → Seite 13.

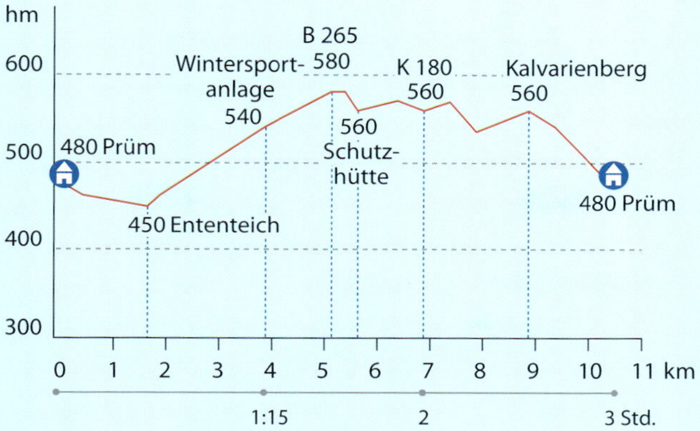

Auf diesem nun nach rechts zum Wanderparkplatz Nr. 15, dahinter die Zufahrtsstraße rechts hinauf zur B 265. Nach links am Straßenrand 180 m bis vor das Ortsschild Walcherath, dort rechts am Waldrand bergab. Im Wald in den ersten Weg nach links wechseln. An der Schutzhütte vorbei; an einer Abzweigung auf den linken Weg; wenig später weiter um den **Münsterberg**, über einen waldfreien Steilhang mit Schneifelblick über den „Schwarzen Mann".

In gleicher Richtung bald danach auf den **Willibrordusweg**, dessen Markierung ▶ uns zurückführt zur K 180; gleich links wieder stark bergauf, vom **Eifel-Blick** hinab nach **Tafel**; vor der B 265 rechts (Richtung Krankenhaus) auf dem Bürgersteig aufwärts; vor der Krankenhausanlage rechts in den „Franz-Meyer-Weg" und hoch auf den **Kalvarienberg**; links um das riesige **Gedenkkreuz** und dahinter halbwegs um den **Explosionskrater** auf den **Stationenweg**; an der Kreuzweg-Doppelstation „Jesus wird seiner Kleider beraubt"/"Jesus wird ans Kreuz genagelt" links direkt bergab, in gleicher Richtung an der Kapelle „Unserer lieben Frau" vorbei und auch die „Kalvarienbergstraße" hinunter bis zum Ausgangspunkt.

Prüm, Hahnplatz mit Salvatorbasilika.

Steingert
Dickenberg
Hubertusblick
Hermespand
Gondenbrett
Schläfriger Berg
Thomasberg
Obermehlen
Münsterberg
Walcherath
Dausfelder Mühle
Wintersportanlage Wolfsschlucht
Mütteibusch
Weinscheidberg
Wirbelscheid
Bungartsweiher
Hardt
Tettenbusch
Jugendlager
Niedermehlen
Tafel
Keltenring
Adamsbrunnen
Hünert
Kalvarienberg
START
Basilika
Weinsheimerheld
Weiberhardt
PRÜM
Acht
Rommersheimerheld
Meerborn
NIEDERPRÜM
Hartberg
Rommersheim
Birkenhof
Hüscheide
EifelLand & Kultur Route
Sonnenberg
Bungert
Ellwerath
Giesdorf
Autobahnmeisterei
KOMPASS
0 500 m

Burgring
Schwirzheime
Bahnhof Willwerath
Hardt
Am Dachsborn
Zirkel
Gondelsheim
Weinsheim
Gondelsheim
Bockelter
Niesenberg
NSG
Vlierbach
Siedlung Schwirzheim-Gondelsheim
Loh
Brühlborn
Nims
Baselt
410
Kramberg
Mainslei
Rasenhof
Muhl
Riedhof
Hüttenb
Langstei
Fleringen
Merteshübel
Bettingen
NSG
Lindenhof
Zingsheld
Auf den Binsen
Hahnenkopf
Ruine Fleringer-mühle
Kupferbach
Krausbuche
Auf Roth
ehem. Kalköfen
Auf Haar
Dolomitstein
Auf Möhr
Bitsbach
Natur-
Staats-
Walbert
Hohl-Lay
Meyersruh
Schwelz
forst
Anzelterhof
Meerberg

30. Durch die Schönecker Schweiz

Zur Burg und in das Naturschutzgebiet

Ausgangspunkt: Schönecken, Wanderparkplatz am Schalkenbach. Dazu an der Ortsseite neben der Nimsbrücke einbiegen. **Bus:** Von Prüm, Bitburg, Kyllburg und Trier (Hbf.), Haltestelle Lindenstraße | **Charakter:** Rundwanderung auf Wegen und Pfaden. Viele Treppen zur Burgruine, von dort ins Tal ein steiler Pfad. Kurzer Steilaufstieg auch zum Ichter Berg. Zweite Hälfte der Strecke nur noch talwärts. – Am Weg eine reichhaltige, bezaubernde Kalkbodenflora. Viele Fotomotive | **Einkehr:** Nur in Schönecken
Karte: KOMPASS Nr. 836

Mittel | 10,5 km | 180 hm / 180 hm | 3 Std.

Eine Wanderung durch den interessantesten Teil der Prümer Kalkmulde.

Mit dem Zeichen ▶ starten: vom Parkplatz abwärts, rechts über die Nims und links „Iltgesdell" etwa 150 m ansteigen, dann links durch den Talhang, auch mit Blick auf die Burgruine. Vom Feuerwehrhaus erneut über die **Nims** („Vollbach"). Schräg rechts über die Hauptstraße und Treppen hinauf (Alter Markt), links „von-Hersel-Straße". Gegenüber Haus Nr. 13 die Tritte hoch und an der **Burgkapelle** vorbei. Auf Weg 1 nach rechts, dann links hoch. Von der Tafel und Bank über den Bergkamm zur **Burgruine**, 78 m über der Nims.

Über den Kamm zurück, vor der genannten Bank auf Weg 1 links abwärts, nach 25 m rechts und hinab ins **Altburger Bachtal**. Über

KOMPASS INFO

Die Schönecker Schweiz gehört zur größten Eifeler Kalkmulde, nämlich der durch ihren Fossilienreichtum und die Eifeler Kalkflora bekannte Prümer Mulde (240 km²). Die Kalke lagerten sich im subtropischen Eifelmeer des Devon (vor 320–380 Mio. Jahren) ab. Keltische Fliehburg, etwa 55 v. Chr. Schönecken wurde erstmals 993 n. Chr. erwähnt. Das im 13. Jh. errichtete Schloss Bellecoste (clara costa), ab 1370 luxemburgisch, dann trierisch und Wohnsitz des Kurfürsten, verbrannte 1802. Verblieben ist die romantische Ruine über der Nims.

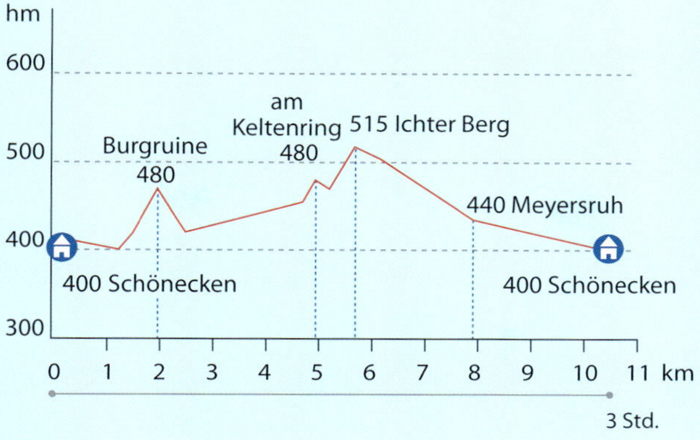

die Brücke und das Tal an dieser Nordseite fast 2 km aufwärts, erst Fahrweg, zuletzt Pfad bis vor (!) eine kleine Wanderbrücke. Nun auf Weg 1 links kräftig bergauf zum **Keltenring** und oberhalb zu einem Querweg. Auf diesem nach rechts, bald als Weg 2 etwas abwärts, anschließend kurvig hoch auf den **Ichter Berg**.

Auf dem Teerweg nach rechts bis zur Kreuzung. Dort links dem Zeichen > folgen, nach 50 m rechts und etwa 2 km den Talgrund des **Schalkenbaches** hinunter bis **Meyersruh**, Querweg am **Matthiaskreuz** vor dem **Kupferbach**. Links auf diesem Querweg mit der Markierung ▶ das Schalkenbachtal weiter abwärts bis zum Ausgangspunkt.

Burgruine Schönecken (© Naturpark Hohes Venn-Eifel, Prüm).

NIEDERPRÜM
Rommersheimerheld
Meerborn
Hartberg
Hüscheide-berge
Birkenhof
Sonnenberg
Autobahnmeisterei
Köppchen
Ödenkopf
Ellwerath
Bungert
EifelLand & Kultur Route
Giesd
Hartkopf
Prüm
Debert
Schloßheck
Debertshecke
Oberlauch
Niederlauch
Handich
Galgenbe
Wachholde gebiet
Orlenbach
Hostert
Winringen
Matzerath
Dingdorf
Euelsberg
Hunert
Ginzelbüsch
Heisdorf
Fischteiche
Lierfeldermühle
Pörzelt
Eilscheid
Willibrordus-weg
Hennebach
Mehlenbach
Laucher Bach
Annebach
Engbach
Haltesbach
NSG
E29
E42
410
51
60
P120

0 500 m

Hahnenkopf
505
Ruine Fleringer-mühle
NSG
Lindenhof
Zingsheld
Auf dem
548
Auf Roth
ehem. Kalköfen
Krausbuche
Kupferbach
475
Auf Haar
Dolomitstein
Hahlen
Nims
Bitsbach
Auf Möhr
(15)
Natur-
Staats-
(5)
Hohl-Lay
525
Meerberg
482
485
Meyersruh
(15)
491
Forst
Gippenberg
501
(15)
Hersd
Nieder-hersdorf
Ichter Berg
513
schutz-
Jungfraulei
Schusterlei
482
Prüm
Schalkenbach
Kellbüring
Hexler
514
Landwirtschaftl. Lehrpfad
Kalkstein
Auf Icht
497
START
Altburger Bach
506
Am Rödelberg
Natur-
gebiet
Ruine Burg Schönecken
Burgberg
Burbach
schutz-
Schönecken
Dr.-Schreiber-Hütte
Auf dem Bellert
Eifel
Kultur
401
Wetteldorf
Hauenborn
516
Herchenberg
556
Forstberg
499
(5)
Jugendlager
Wetteldorfer Richtschnitt
Rother Berg
567
Weberhof
Gemeinde-büsch
Seiwerath
532
Herchenbach
Dürrbach
Gleicht
545
556
Irsfelderhof
Heilgert
491
Eisberg
521
390
375

31. Fleringen – Schönecker Schweiz

Durch die östliche Prümer Kalkmulde

Ausgangspunkt: Kirche Fleringen | **Bus:** Vom Bahnhof Gerolstein und von Prüm | **Charakter:** Feld- und Waldwanderung durch typische Kalkeifellandschaften, überwiegend auf festen Wegen und weitläufig durch Naturschutzgebiete | **Einkehr:** Unterwegs keine; in Fleringen nur zeitweilig | **Karte:** KOMPASS Nr. 836

Mittel | 13 km | 195 hm 195 hm | 3:30 Std.

Von der Kirche die „Hauptstraße" abwärts, ab dem Rastplatz mit Kreuz auf Weg 8 rechts „Brunnenstraße", rechts aus dem Ort; in der Feldflur die querende Feldstraße rechts hoch, oben links und 1,5 km ins **Kupferbachtal**; Querweg links, am Rettungspunkt im Wald ganz bergauf; am oberen Waldrand 250 m nach rechts, dann (Schild) rechts in den Wald zu den krüppelig auf Felsen gewachsenen **Krausbuchen**.

Zurück zum Waldrand, nun nach rechts weiter, und zwar bis zum Ende. Nach rechts knicken, dann nach links zwischen Feld und Wald weiter. Vom nächsten Waldwinkel rechts den festen Weg hinab ins Kupferbachtal. Nach links auf Weg 6 etwa 1 km talwärts nach **Meyersruh**, mit Rettungspunkt 5804-460 am **Erkelenzer Matthiaskreuz**. Nach links nun das **Schalkenbachtal** auf Weg 24 3,6 km aufwärts, später an einer Schutzhütte und der **Hohl-Lay** (Felsen mit Höhlen) vorbei bis zu einer Straße.

Vom Schilderstock auf dieser nach links, 150 m weiter jedoch links in einen Feldweg, über den verrohrten Bachlauf und bergauf, auch im Wald. Oben erst am Waldrand, dann durch die Feldflur hoch, um den Berg **Auf Roth** geteert, wo **Relikte ehemaliger Kalköfen** auffallen. Wieder abwärts und mit Weg 8 rechts zur Straße. Auf dieser links zurück, an **Zingsheld** und am **Lindenhof** vorbei nach **Fleringen**, von der „Brunnenstraße" hoch zur Kirche.

KOMPASS INFO

Dolomit: Der beim Rückweg oberhalb Fleringen zur Rechten erkennbare Dolomitsteinbruch beweist – zusätzlich zu den Relikten ehemaliger Kalköfen – die Kalkeifel; denn Dolomit entsteht durch teilweisen Austausch des Elements Calcium durch Magnesium in Kalksteinen bzw. im Calcitkristallgitter, chemisch Ca, $Mg(CO_3)_2$.

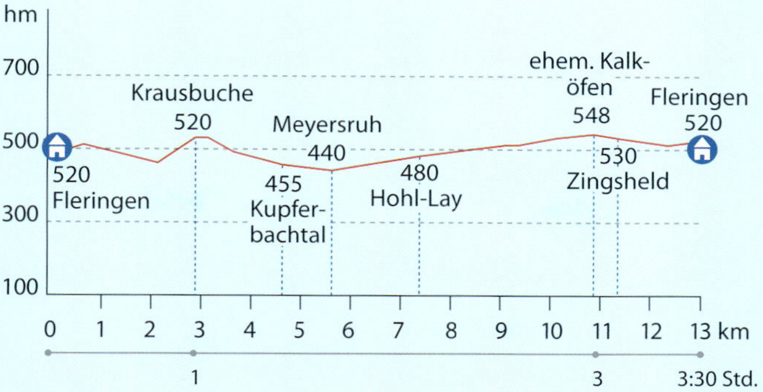

Krausbuche Fleringen.

Walcherath
Dausfelder Mühle
Wintersportanlage Wolfsschlucht
Schneifel
Tettenbusch
Mütteibusch
Weinscheidberg
Wirbelscheid
Bungartsweiher
Seilbach
Jugendlager
DAUSFELD
Hardt
539
Loh
538
Brühlborn
Kelten-ring
572
Adamsbrunnen
Tettenbach
Tafel
Hünert
551
Breitwiesental
Weinsheimerheld
Kalvarienberg
Basilika
PRÜM
Weiberhardt
550
Kalkhof
Prüm
Rommersheimerheld
Nims
449
Meerborn
530
NIEDERPRÜM
Hartberg
540
NSG
Rommersheim
Hahlen
Bitsbach
Hüscheide
552
555
berge
508
EifelLand & Kultur Route
Bungert
Ellwerath
523
Giesdorf
Meerberg
482
Hennebach
Hartkopf
597
512
Waldrich
Bongertshof
Rattenberg
Schusterlei
482
Schalkenbach
546
531
502
Oberlauch
Niederlauch
Im Tal
Kalkstein
Seiwelberg
409
Natur-schutz-
Ruine Burg Schön
Handich
563
564
Galgenberg
265
410
51
5
P120

0 500 m

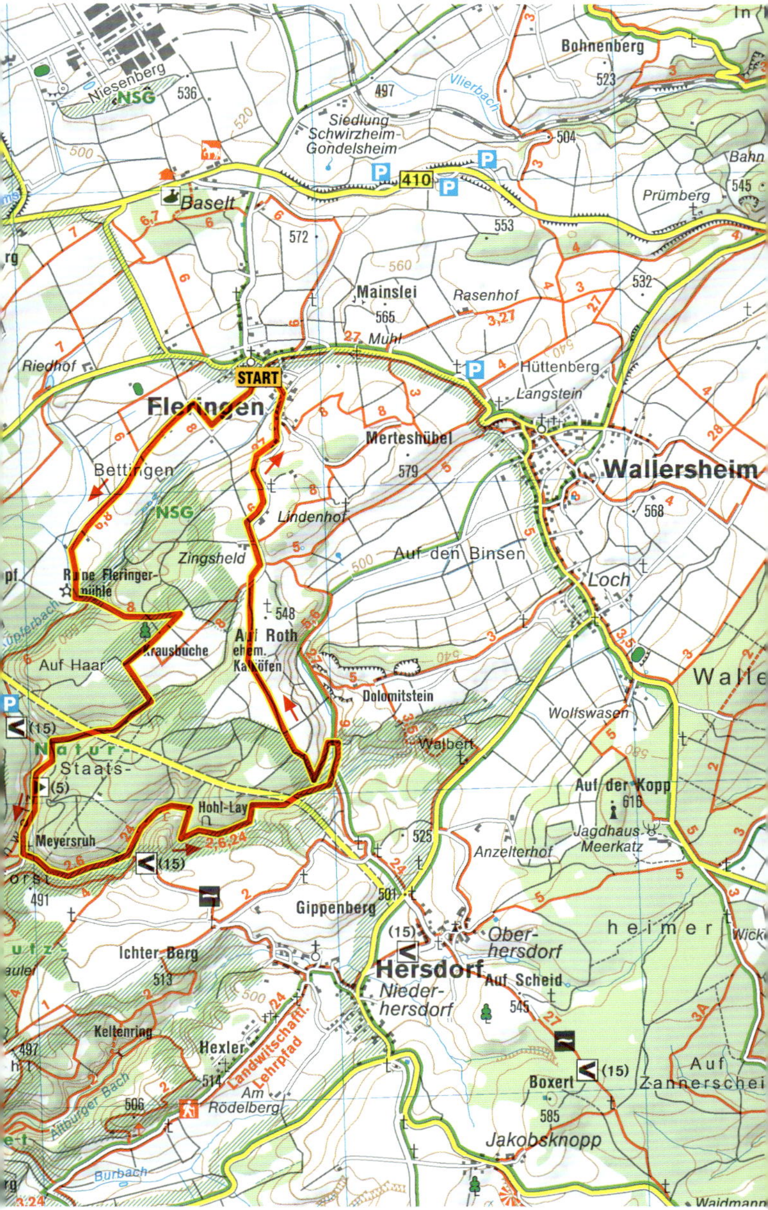

Bohnenberg
Niesenberg
NSG
Vlierbach
Siedlung Schwirzheim-Gondelsheim
Baselt
410
Prümberg
Bahn
Mainslei
Rasenhof
Muhl
Riedhof
START
Hüttenberg
Langstein
Fleringen
Merteshübel
Wallersheim
Bettingen
NSG
Lindenhof
Zingsheld
Auf den Binsen
Loch
Ruine Fleringer-mühle
Krausbuche
Auf Roth
ehem. Kalköfen
Auf Haar
Dolomitstein
Walle
Wolfswasen
Natur-
Staats-
Walbert
Auf der Kopp
Hohl-Lay
Jagdhaus Meerkatz
Meyersruh
Anzelterhof
Gippenberg
Ober-hersdorf
heimer
Ichter Berg
Hersdorf
Auf Scheid
Nieder-hersdorf
Keltenring
Hexler
Landwirtschaftl. Lehrpfad
Boxert
Auf Zannerschei
Altburger Bach
Am Rödelberg
Jakobsknopp
Burbach
Waidmann

Index